TERESA ZUKIC UND EVA-MARIA POPP

Vergiss das Schöne nicht!

TERESA ZUKIC UND EVA-MARIA POPP

VERGISS DAS Schöne NICHT!

Mit Lebensfreude Krisen meistern

FREIBURG · BASEL · WIEN

Für Pfarrer Franz, der immer das Schöne liebte und mich auch in der Zeit seiner Krankheit zu diesem Buch ermutigte.

(Schwester Teresa Zukic)

Für meine lieben Eltern, die mir unendlich viel Liebe schenkten und mich lehrten, dass das Leben schön ist.

(Eva-Maria Popp)

© Verlag Herder GmbH, Freiburg im Breisgau 2023
Alle Rechte vorbehalten
www.herder.de

Satz: Carsten Klein, Torgau
Herstellung: GGP Media GmbH, Pößneck

Printed in Germany

ISBN Print 978-3-451-39614-4
ISBN E-Book (EPUB) 978-3-451-83061-7

Inhalt

Vorwort 7

Einleitung 9
   Suchet der Stadt Bestes 9
   Vom Wünschen zum Glück 22

Kapitel 1: Geliebte Menschen 28
   Einen geliebten Menschen verloren – mit Hoffnung getröstet und gesalbt 28
   Zurück ins Leben finden......................... 36

Kapitel 2: Heimat 43
   Heimat verloren – neue Möglichkeiten gewonnen.. 43
   Finde deine Heimat!............................. 51

Kapitel 3: Gesundheit............................. 56
   Gesundheit verloren – neue Berufung entdeckt 56
   Krankheit und intensive Lebensfreude 66

Kapitel 4: Würde 70
   Würde genommen – mit neuer Würde beschenkt .. 70
   Ich bin, weil ich würdig bin 81

Kapitel 5: Vertrauen 85
   Vertrauen verloren – mit neuem Glauben beschenkt...................................... 85
   Vom Wunder des Wunderns 94

Kapitel 6: Beziehungen **101**

Beziehung zerbrochen – neue Selbstachtung
gewonnen.. 101
Endlich ich – sich selbst finden 109

Kapitel 7: Überfluss............................... **114**

Überfluss verloren – mit Dankbarkeit erfüllt 114
Eine kleine Geschichte des Geldes 124

Kapitel 8: Mut..................................... **129**

Lebensmut erloschen – verändert durch
neuen Mut.. 129
Lebensmut schenkt Lebensfreude – es lohnt sich
darauf aufzupassen! 137

Kapitel 9: Frieden **142**

Vom Frieden beraubt – mit Versöhnung
überschüttet..................................... 142
Vom Krieg zum Frieden – Frieden in sich selbst
finden... 151

Literaturempfehlungen von Eva-Maria Popp........ **157**

Vorwort

Jalid Sehouli

In diesem Buch teilen Schwester Teresa und Eva-Maria Popp ihre große Lebens- und Glaubenserfahrung sowie Lebensphilosophie mit uns. Darum ist es so wertvoll. In jeder dieser Zeilen spürt man ihre positive Lebens- und Liebesenergie, ihren Mut und ihre Kraft, schwierige Situationen zu bewältigen – immer ohne die Achtsamkeit und Demut zu verlieren. Mit ihren Gedanken und Geschichten gelingt den Autorinnen ein notwendiger Perspektivwechsel, der gerade in der heutigen Zeit, die von vielen Ängsten und existentiellen Bedrohungen geprägt ist, gebraucht wird. Beide Persönlichkeiten verstehen es, uns auf ihre ganz besondere Art und Weise auf einen erholsamen Spaziergang für unseren Verstand und unsere Seele mitzunehmen.

Traurigkeit, Melancholie und Erschöpfung gehören zu jedem Leben dazu. Es wichtig diese zu erkennen, sichtbar zu machen und ihnen Raum und Wertschätzung zu geben. Dabei kann auch die Kunst eine Hilfe sein. Wenn es um Kunst als Mittel zum Ausdruck von Emotionen geht, ist das Machen wichtiger als das Produkt, denn es geht um den Dialog mit dem eigenen Herzen. Erst wenn dieses Herzensgespräch beginnt, kann ein Dialog mit anderen Menschen gelingen.

Schwester Teresa und Eva-Maria Popp konnten dieses Buch schreiben, weil sie auf eine unglaubliche und vielschichtige Lebensbiografie zurückschauen, sich immer wieder neuen Herausforderungen gestellt haben und sie Menschen lieben. Möge ihr Buch viele Menschen erreichen und sie dazu inspirieren, sich auf den Weg zu machen, um positive Lebensenergie zu generieren und diese in unsere Welt zu setzen. Wie beschrieb es der Philosoph Khalil Gibran: »Wenn du traurig bist, dann schau in dein Herz und du wirst erkennen, dass du weinst um das, was dir Freude bereitete.«

Liebe Schwester Teresa, liebe Eva-Maria Popp, tausend Dank für dieses großartige Buch!

Jalid Sehouli

Einleitung

Suchet der Stadt Bestes

Schwester Teresa Zukic

Das Leben ist ein Geschenk! Wie wahr das ist, erfuhr ich, als einige fiese, schnellwachsende Krebszellen in der Gebärmutter meinem Leben 2020 ein Ende setzen wollten. Sie rissen mich aus dem Alltag heraus und katapultierten mich in den Status einer Krebspatientin. Dieses bösartige schnellwachsende Ungeheuer zeigte mir die Zähne und biss erbarmungslos zu. Mein Gegner war unfair und heimtückisch, aber er rechnete nicht mit meinem Arzt, dem besten Chirurgen, der mich operieren konnte, einem unerschütterlichen Glauben und Vertrauen auf Gott, einer unbändigen Lebensfreude und rasch wiedergefundenem Humor, dem auch eine Krankheit nicht gewachsen war.

Humor hat der Teufel sicher nicht. Seine Waffen sind Angst, Verwirrung, Zwietracht, Hass, Ablehnung, schlecht reden und machen, Zerstörung, Traurigkeit, Verzweiflung, Sinnlosigkeit und Verderben, chronische Unzufriedenheit und vor allem das Jammern auf hohem Niveau.

Einleitung

Jammern hält gefangen

Häufig sind es die kleinen Probleme des Alltags, über die wir jammern. Als hätten wir nicht schon genug Probleme gehabt mit dem Dauerbrenner Covid. Nein, ich will nicht all die Krisen aufzählen, die uns in den letzten drei Jahren geplagt haben und manche gar nicht mehr aus der negativen Gefühls- und Denkspirale herauskommen ließen. Der allgemeinen Missstimmung und Unzufriedenheit gibt es kaum etwas entgegenzusetzen. Aber es gibt sie noch, die nicht klein zu kriegenden Optimisten und Lebenskünstlerinnen, die sich nicht in das Dauerjammern einreihen.

Manche Menschen leiden an chronischer Unzufriedenheit. Sie macht nicht nur einsam, strapaziert auf Dauer die Umgebung und wirkt sich sehr negativ auf unser Gehirn und Wohlbefinden aus. Robert Sapolsky, Professor für Biowissenschaften an der Stanford University, hat bereits im Jahr 1996 in einer Studie herausgefunden, dass »chronische Unzufriedenheit« den Hippocampus verkleinert. Diese Gehirnregion ist für unsere Gedächtnisleistung verantwortlich. Chronisches Jammern kann demnach zu Vergesslichkeit führen. Wen wundert es, dass permanentes Jammern den Stresslevel dauerhaft hochhält? Dieser Dauerstress kann für niemanden gesund sein. Es ist »die« Form von Energieverschwendung, die unsere Lebensfreude schrumpfen lässt. Und dabei brauchen wir jede Menge Lebensenergie, um uns den neuen Herausforderungen zu stellen und jeder Form von Veränderung und Verlusten gewachsen zu sein.

Sicher ist es auch meiner überstandenen Krebserkrankung geschuldet, dass ich gerne in die Welt hinausschreien möchte: »Vergesst das Positive nicht«, oder noch besser: »Vergesst das

Schöne nicht!« All das Gute, das Schöne, das Wertvolle, das Glücklichmachende, das immer noch vorhanden ist.

Jeder Tag ist ein Geschenk

Überseht das Wichtigste nicht: die Liebe! Sie ist immer noch da und im Überfluss vorhanden. Trotz aller Bedrohungen und Krisen! Die Liebe durfte ich neu entdecken, als mein Leben mit der Krebserkrankung auf den Kopf gestellt wurde. Auch kopfüber war sie zu finden! So brutal die Krebserkrankung auch war, schmerzhaft und lebensbedrohlich, mit schweren Stunden verbunden, gab es genauso wunderschöne Stunden, glanzvolle Begegnungen und himmlischen Trost und die Erfahrungen von Getragensein. Es war eine der größten Herausforderungen meines Lebens. Täglich musste ich meinem Gehirn beibringen, an das Schöne zu denken und daraus Kraft zu schöpfen. Ich musste mich immer wieder daran erinnern, mich nicht auf die Defizite zu konzentrieren, sondern auf die neuen Möglichkeiten, die sich ergeben. Es wurde zum Abenteuer meines Lebens, ein Geschenk, weil ich Menschen, die gerade eine schwere Zeit durchmachen müssen, nun noch besser verstehen kann.

Ich frage mich oft: Braucht es wirklich immer erst ein Schicksal, eine Pandemie, Krieg oder eine bedrohliche Krankheit, um umzudenken und an jedem einzelnen Tag unser Leben zu genießen? Nicht nur an den schönen, gesunden, erfolgreichen oder glücklichen Tagen, sondern an jedem Tag, der uns geschenkt ist? Ich durfte lernen, dass ich, auch wenn ich krank bin, glücklich sein kann. Jeder Tag ist ein Geschenk und einmalige, unwiederbringliche, geschenkte Lebenszeit.

Einleitung

Schon vor der Krankheit wusste ich, dass jeder einzelne Tag, der am Abend ausklingt, nie wieder kommen wird. Wieso ihn also überfrachten mit negativen Gedanken und Gefühlen?

»Jeder Tag hat seine eigene Plage« (Mt 6,34), heißt es in der Bergpredigt. Wunder dich also nicht. Betrachte jeden Tag als Geschenk und mache das Beste daraus. Natürlich sind wir täglich sehr vielen negativen Einflüssen und Problemen ausgesetzt. Wissenschaftler haben erforscht, dass es tatsächlich nur 10 Prozent äußere Lebensumstände sind, die unsere Zufriedenheit tagtäglich beeinflussen. Ganze 90 Prozent werden als Be-Last-ung in unserem Gehirn produziert. Nicht die Situation stresst uns also, sondern unsere eigene Reaktion darauf. Ich kann einfach nichts Positives erwarten, wenn ich mir selbst alles schlechtrede.

Ich fürchte allerdings, dass manche ihr Gehirn mit so viel negativen Gedanken gefüttert haben, dass sie vergessen haben, was das Wichtigste ist, das unser Leben ausmacht.

Früher war alles besser? Quatsch! Es wird nie wieder so sein – wie es noch nie war! Ganz ehrlich, ich möchte nicht im Mittelalter gelebt haben, auch nicht als die Pest in Europa wütete, und wie dankbar bin ich, nicht die beiden Weltkriege miterlebt zu haben, in denen Millionen Menschen vertrieben und getötet wurden. Im Gegensatz zu diesem unvorstellbaren Leid sollten wir im Lockdown einfach nur zu Hause bleiben! Ja, auch ich trauere um viele wundervolle Freunde, die wegen Corona ihr Leben verloren haben, darunter auch mein Vater. Ich weiß auch, dass die Zeit der Lockdowns besonders für viele alte, kranke und allein lebende Menschen eine extrem schwere Zeit war. Doch viele Menschen haben während der Lockdowns auch die kleinen Dinge des Lebens neu wertschätzen gelernt, wie einen Spaziergang oder ein selbstgebackenes

Brot. Von ihrer geschenkten, gemeinsamen Zeit haben auch viele Beziehungen profitiert.

Unsere Zeit ist voller Krisen: Da sind so viele Menschen, die im Ukrainekrieg sinnlos ihr Leben lassen, und so viele Opfer von Naturkatastrophen, die alles durch das Erdbeben in der Türkei oder die Überschwemmungen im Ahrtal verloren haben. Da sind die vielen, die wir jeden Tag durch eine Krebserkrankung oder andere schwere Erkrankungen verlieren, weil es keine Betten gibt, nicht zu vergessen, die vielen jungen und alten depressiven Menschen, die keinen Weg ins Licht finden, weil sie keinen Platz in psychiatrischen Kliniken bekommen. Da sind die vielen Menschen, denen die Inflation so zu schaffen macht, dass sie sich fragen, wie sie Lebensmittel und Miete noch bezahlen sollen.

Aber ich habe inmitten dieser Krisenzeit auch so viele Wunder der Hilfsbereitschaft und Liebe gesehen, die auch in diesen letzten Jahren möglich geworden sind. Ich sehe sie jeden Tag. Ich will sie sehen und keinen einzigen Tag übersehen. Die schönen Momente, die kleinen zärtlichen Lichtblicke, die es dennoch gibt, die heroischen Menschen, die den Mut und die Kraft aufbringen, das Gute nicht zu unterlassen und mitzuhelfen, wo sie können. Die Ermutigerinnen und Ermutiger, die Beter und die Mutigen, die immer noch an DEN glauben, der Himmel und Erde gemacht hat.

Verliebt in Gott

Könnte es sein, dass wir das Kostbarste vergessen haben, was wir zum Leben brauchen? Dass wir Gott vergessen haben, obwohl wir doch aus Seinem Segen leben? Ist unser Herz so

Einleitung

voller Sorgen, Ängste und mit dem Negativen überfrachtet, dass kein Platz mehr für IHN ist? Ist ER nicht immer noch Herr über Himmel und Erde, Leben und Tod? Und Seine unermessliche Liebe zu uns ist und bleibt tröstende Wirklichkeit! Sie war immer und ändert sich nicht. »Ich bin bei Euch alle Tage bis zum Ende der Welt!«, verspricht ER uns. Die Liebe hat nie aufgehört, uns zu lieben. Gott hat nie aufgehört.

Die Liebe können wir nicht kaufen und auch nicht besitzen. Sie wird uns geschenkt. Sie hört niemals auf, denn sie erträgt alles, glaubt alles, hofft alles und hält allem stand. Wenn ich von der Liebe spreche, spreche ich vom Schönsten, Tiefsten und Ergreifendsten – unserem wahren Lebenselixier – und der daraus entspringenden Lebensfreude. Aus ihr wurden wir geschaffen und sie wurde in uns hineingelegt.

Unser liebender Gott, so erfahre ich das, seit ich mit 18 Jahren zum Glauben gekommen bin, ist da, gerade in den dunkelsten und angstvollsten Momenten unseres Lebens und ER ist verrückt nach uns. Deshalb kann ich nicht aufhören, verliebt zu sein in Gott und die Menschen. Und ich lasse mich gerne von Seinen Worten ermutigen und inspirieren, gerade in schwierigen und bedrängten Zeiten.

Überrascht von Gott

Gottes Worte geben mir Kraft, Trost und neue Energie und verlieren nie ihre Gültigkeit. Selbst Worte aus dem Alten Testament können uns hilfreiche Wegweiser werden, auch wenn manche vielleicht denken, können 5000 Jahre alte Texte uns wirklich Ratgeber in unserer hochtechnisierten Welt sein? Uns wirklich noch helfen? Oh ja, und wie sie das können.

Gott gibt uns einen wegweisenden Lebenstipp für alle Situationen, in die ER uns bringt. Mir persönlich hat dieser Ratschlag vom lieben Gott schon sehr oft geholfen. Was war passiert?

Israel war endlich im verheißenen Land. Nach der Sklaverei und dem Auszug aus Ägypten fühlten sie sich endlich angekommen. Und dann holte Gott sie wieder raus. Sie wurden deportiert. 70 Jahre – ein dunkles Kapitel in einem fremden Land ohne ihren Tempel. Gott führte sie raus aus aller gefühlten Vertrautheit. Wieder ein anderes Land, andere Orte und Menschen und umgeben von fremden Göttern und ER ermutigte sie, sich in der Fremde niederzulassen. Das war schon krass. War nicht Israel ihr verheißenes Land? Und jetzt mussten sie wieder lernen in einem fremden Land ohne jede Sicherheit zu existieren. Alles war neu und ganz anders. Die Enttäuschung und das Entsetzen kann man sich kaum vorstellen. Und da gab Gott Seinem Volk in ihrer beängstigenden und verunsicherten Lage einen faszinierenden Ratschlag. Eine fortwährend gültige Aufforderung, die im Buch des Propheten Jeremia steht: »Suchet der Stadt Bestes (das Wohl der Stadt), in die ich dich habe wegführen lassen, und betet für sie zum Herrn, denn in ihrem Wohl liegt euer Wohl.« (Jer 29,7) Wow.

Die Israeliten sollen das Beste aus dieser, ihrer neuen Situation machen. Nicht herumjammern, sondern sich auf die Suche nach dem Besten, dem Positiven machen, das im Neuen steckt, und vor allem sollen sie beten. Ich finde das herausfordernd und zugleich motivierend.

Diese Stelle hat mich tief berührt, als wir in unserer kleinen Gemeinschaft selbst in einer existenziellen Veränderungssituation waren. Gott hat mich damals förmlich auf diese Stelle gestoßen: Nachdem wir siebzehn Jahre in unserer ersten Gemeinde als »Kleine Kommunität« gedient hatten, sollten wir die Gemeinde wechseln. Unser Pfarrer und Mitbruder hatte sein 75. Lebensalter erreicht und ging in Rente. In unserem Bistum sollten pastorale Mitarbeiter alle 15 Jahren die Gemeinde wechseln. Damals war uns diese Gemeinde nach einem schwierigen Start so ans Herz gewachsen. Sieben Kirchenfestivals hatte ich an diesem Ort initiiert, die weit über den Landkreis hinaus Besucher anzogen. Sieben meiner Musicals feierten hier Premiere. Wir feierten mit 300 Kindern über 11 Jahre die Abenteuerland-Gottesdienste. Viele hundert Ehrenamtliche dienten mit uns zusammen und die Gemeinde wuchs stetig. Nebenbei nahm ich noch unzählige Einladungen zu Vorträgen wahr. Ich konnte mir einfach nicht vorstellen, unsere Gemeinde nach diesen 15 Jahren zu verlassen. Aber dann mussten wir wechseln. Manche Träne habe ich meinen vier Chören und den wundervollsten Mitarbeitern und Freunden nachgeweint. Hier war doch unser Zuhause. Unsere Herz-Jesu-Kirche mit tausenden von Erinnerungen an Hochfeste und Erstkommunionen und Festivals. Der Abschied fiel mir wirklich sehr schwer. Die Vorstellung, wieder ganz neu zu beginnen, mit neuen Menschen und neuen Verhältnissen, ließ mich zaghaft werden, obwohl ich mich noch nie vor einer Herausforderung gedrückt hatte.

Genau in dieser Umbruchzeit schenkte Gott mir diese trostvolle Motivation aus dem Buch des Jeremia:

»Öffne dich für das Neue! Schau, was du jetzt Neues kennen und erleben wirst, und hör auf, darüber nachzudenken, was du nicht mehr hast. Mach das Beste aus dem neuen Lebensabschnitt. Suche dir die besten neuen Mitarbeiter, die besten neuen Freunde, die besten neuen Möglichkeiten, das Beste der neuen Stadt.«

Er traf mich damit mitten ins Herz und ich begriff, worin Seine Hilfe bestand.

Er konfrontierte mich mit meinem Jammern, das Vergangene zu verklären und das Neue abzulehnen. Dabei waren, weiß Gott, die ersten Jahre nach der Gründung unserer Gemeinschaft hier kein Zuckerschlecken gewesen. Wie viele schwere Prüfungen hatten wir zu bestehen und von manchen Menschen feindsinnige Ablehnung erfahren. Aber nachdem wir Fuß gefasst hatten, konnten wir am Ende auf unglaublich erfolgreiche und gesegnete Jahre zurückschauen. Freude und Begeisterung über Gott und darüber, Seiner Gemeinde dienen zu dürfen, ist und bleibt das Charisma unserer Kleinen Kommunität. Tag und Nacht arbeiteten wir und liebten unsere Arbeit. Ein »Dream-Team« nannte uns schon mancher. Gott hatte uns zusammengeführt. Es lief glatt und wir fühlten uns sicher. Zu sicher.

Jetzt spürte ich etwas, das ich schon lange verdrängt hatte. Nun sah ich wieder, was ich wirklich brauchte. Ich brauchte wieder meinen Gott. Brauchte Seine Führung, Seine Kraft, Seine Nähe. Hatte ich nicht schon zwei dramatische Aufbrüche in meinem Leben? Hatte ER mich nicht schon zwei Mal aus einer festen Existenz herausgerufen? Aus dem Leistungssport und einer Karriere ohne Glauben und Gott und einer völlig anderen Lebensplanung? Und dann als Klosterschwester, die kurz vor der ewigen Profess stand, heraus in die Gründung einer eigenen Gemeinschaft?

»Wenn Gott etwas nimmt, gibt ER etwas Besseres!« Mit diesem Satz konnte ich mich lange nicht anfreunden, als wäre das Vergangene weniger wert gewesen. Aber ich begriff, dass ER mein Herz öffnete für das Neue, Große, das ER noch mit mir vorhatte. Mich fähig machte, mich auf die neue Situation und die wundervollen neuen Menschen einzulassen. Und ER wusste es wieder besser. Gott schaffte es, »die kleine Schwester« bei Firmen und Unternehmern, bei Kongressen und Neujahrsempfängen, bei Wirtschaftstagen und Banken, bei Führungskräften und Landfrauenvereinen hineinzuschmuggeln und ER sorgte dafür, dass immer neue und mehr Anfragen und Buchungen dazukamen. Jedenfalls überall da, wo Kirche ansonsten nicht selbstverständlich präsent war. Ich wurde von meiner Gemeinschaft freigestellt für Vorträge und bin seitdem auf Tour und halte über 200 Vorträge im Jahr. Jedes Jahr entstehen neue Bücher und verschiedenste Verlage fragen an. Wir bekamen wundervolle neue Mitarbeiterinnen und Mitarbeiter und konnten das Kinderabenteuerland in unserer neuen Gemeinde aufbauen. Über vierzig Gemeinden ließen sich sogar von mir anstecken und feiern erfolgreich kindgerechte Gottesdienste.

Suche das Beste ... und bis heute bete ich jeden Tag für das Wohl unserer neuen Gemeinden, unserer Freunde, unserer Mitarbeiter, unserer Gemeinschaft und danke Gott für meine »neue« Arbeit im Reiche Gottes.

Werde Schatzsucher!

Klingt alles zu schön, um wahr zu sein? Nein, es ist wahr. Aber ich will nicht verschweigen: Meine Trauerphasen habe ich gebraucht. Und selbst das »Jammern« war erlaubt. Gott erlaubt es, dass wir laut vor IHM klagen und unserer Unzufriedenheit Luft machen. Es ist immer schwer neu anzufangen. Wir dürfen uns zugestehen, dass wir oft Angst vor allem haben, was wir nicht kennen und was für uns fremd ist. Wir dürfen Angst haben, aber Gott weiß, dass wir lernen können mit dieser Angst umzugehen. Etwas Neues birgt immer eine Chance und gleichzeitig ein Risiko. Wir können einfach versagen oder zutiefst bereichert werden. Man nimmt uns an oder lehnt uns ab. Wer die Angst vor dem Neuen in sich zulässt, sieht oft nur die Gefahren und konzentriert sich auf das Negative. Veränderungen sind unvermeidbar. Sie fordern uns heraus und wir müssen lernen mit den neuen Gegebenheiten und Situationen umzugehen und uns neu zu orientieren. Das Jammern und Hadern mit dem Neuen raubt viele Lebenskräfte. Natürlich reagieren wir mit negativen Gefühlen, wenn unerwartete Veränderungen auf uns zukommen. Manche werden sogar richtig wütend, wenn es nicht mehr so läuft, wie sie es gewohnt sind.

Lasst uns innehalten und das Beste suchen! Welche neuen positiven Möglichkeiten werden sich für mich jetzt auftun? Habe ich nicht schon so viel erreicht? Hat Gott nicht schon so oft gezeigt, dass ER mir beisteht? Ein guter Freund lässt dich nie im Stich. Vor allem dann nicht, wenn du vor lauter Schwarzsehen kein Licht am Horizont erkennst. Gott ermuntert uns sogar dazu, sich IHM anzuvertrauen. Ich glaube, Gott liebt es, wunderbare Dinge zu tun, um uns zu zeigen, dass wir vor dem »Neuen« keine Angst zu haben brauchen. ER holt uns manchmal aus Sicherheiten oder versteckter Bequemlichkeit oder einer Lebenslüge. Ihm zu vertrauen und das Beste aus der Situation zu machen, hält Wunder für uns offen. Wir sollten uns nie zufriedengeben mit irgendetwas oder irgendjemandem, sondern das suchen, das Gott für uns vorbereitet hat. Manchmal hat Gott ein ganz anderes Programm geladen als wir. Wie wäre es damit?:

Beten statt Jammern
Loben statt Toben
Geben statt Nehmen

Einleitung

Die Zeit der Krebserkrankung war eine Zeit voller Schmerzen und Angst. Diese Zeit wurde für mich aber auch zu einem riesengroßen Geschenk voller Begegnungen mit fantastischen Menschen und neuen Möglichkeiten mit vielem Schönen und Guten, um Menschen noch mehr zu ermutigen. So wie ER mir diese wunderbare Frau an die Seite gestellt hat: Eva-Maria Popp, mit der ich dieses neue Buch schreiben darf. Sie ist für mich ein Vorbild an Engagement, positiver Ausstrahlung und energiereicher Tatkraft. Sie organisierte sofort eine Lesung zu meinem Buch »Himmel im Mund. Heilsamer Genuss für mehr Lebensfreude« zusammen mit Dr. Jalid Sehouli, der mich durch meine Krebserkrankung begleitet hat, und brachte mich mit einem Chocolatier für den von mir selbst konzipierten Energieriegel zusammen, der zu einem Start-up geworden ist. Eva-Maria vernetzt selbstlos Menschen aus unterschiedlichsten Bereichen und deshalb ist es mir eine große Ehre, mit ihr das Schöne neu zu entdecken, womit wir vielleicht auch Ihnen helfen können, neue Perspektiven und Möglichkeiten zu eröffnen. Verzaubern wir zusammen diese Welt und treten wir eine Welle los, um unsere Welt besser zu machen.

Eure Schwester Teresa

Schatzsucher

Niemand erwartet,
dass du es
sofort schaffst,
das Neue
zu umarmen.
Aber gib Dir
und dem Neuen
die Chance
Dich zu überraschen.
Gib Gott die Chance
einzugreifen.
Ein einziger Gedanke
genügt.
Ein einziges Gebet
kann helfen.
Ein einziger Schritt
bringt Mut.
Ein erstes Lächeln
hilft.
Werde Schatzsucher.
Suche das Beste.
Suche den Schatz,
den Gott
hier und jetzt
für dich
bereitet hat.

Einleitung

Vom Wünschen zum Glück

Eva-Maria Popp

»Das Leben ist ein Geschenk«, schreibt Schwester Teresa in ihrer Einleitung zu diesem Buch. Ja, das ist es wohl und es ist ein großes Glück, das nicht selbstverständlich ist. Da wir alle nach Glück streben, ist das ein guter Start für ein Buch, das Sie, liebe Leserinnen und Leser, dazu motivieren möchte, das Leben in manchen Phasen nochmal neu zu überdenken und vor allem das Positive zu erkennen und zu schätzen.

Glück ist ein viel gebrauchtes Wort. Wir wünschen uns Glück zum Geburtstag, zum Jubiläum, zur Führerscheinprüfung, vor der OP. Wir beschwören das Glück mit Glücksbringern und Ritualen. Meist sind unsere Glückwünsche nichts mehr als leere Worthülsen. Warum? Weil wir verlernt haben glücklich zu sein.

Unser Blick richtet sich auf all das, was wir NICHT haben. Wir sind ein Volk der »Wünscher« geworden. Statt dankbar zu sein für das, was wir haben, richtet sich unser Fokus auf das, was wir noch nicht ergattern konnten. Geht es zu weit, wenn ich sage, das ist der Grund, warum wir »verwunschen« sind? Ich persönlich empfinde das als ein sehr interessantes und aussagekräftiges Wortspiel. Ich habe gelernt die Worte wörtlich zu nehmen. In unseren Worten, unseren Sprichwörtern, unseren Slogans stecken sehr viele Botschaften. Wer die Worte wörtlich nimmt, erfasst den tieferen Sinn.

Was hat es also damit auf sich, wenn man sich permanent im »Wünsche-Status« befindet? Das Wünschen frisst die Freude des Habens und bringt uns somit um die ersehnte Zufriedenheit. »Ich will dies und danach das!« – Das gilt sowohl für materielle Wünsche als auch für immaterielle. Wo bleibt meine Freude über das, was ich habe?

Die Glücksformel

Ich selbst bin eine sehr reiche Frau. Ich besitze Lebensfreude ohne Ende. Ich sorge mit meinem eigenen Perpetuum Mobile dafür, dass ich tagtäglich einen großen Vorrat an Lebensfreude produziere, die ich aus den täglichen Lebenssituationen beziehe. Das kann meine fünfjährige Enkelin Paula sein, die mit wehenden Fahnen an mir vorbeistürmt und mich fragt: »Wo ist der Opa?« Ich nehme ihre ungebremste Lebensenergie wahr, ihre Freude am Laufen und an der Bewegung und ich höre aus ihren Worten die Liebe zu ihrem Opa, meinem Mann Roland. Diese Liebe wiederum bereitet mir mein nächstes »Freudenmenü«. Warum? Weil mein Mann an Parkinson erkrankt ist und er es mit seiner Krankheit nicht immer einfach hat. Die Liebe seiner Enkelkinder ist für meinen Mann jedoch genauso lebenswichtig wie seine Medizin. Sie schenkt ihm eine unglaubliche Lebensfreude, die ihm aufgrund der Krankheit manches Mal fehlt. Ein gerechter Ausgleich. Wie schön!

Rolands Freude ist meine Freude, genauso wie geteiltes Leid halbes Leid ist. Für die Glücksmathematiker unter uns! Daraus lässt sich eine einfache Formel ableiten:

Die Freude wird mit dem Faktor zwei multipliziert, wenn wir sie mit einem anderen Menschen erleben – sie verdoppelt sich. Das Leid, das wir mit anderen durchleben, wird durch den Faktor zwei geteilt und verkleinert sich dadurch um die Hälfte. Welch großes Glück für alle, die rechnen können!

Zurück zu meiner Paula: Ich könnte auch anders darauf reagieren, wenn sie an mir vorbeiläuft und mich sozusagen »links liegen lässt«, um nach meinem Mann zu fragen. Ich könnte eifersüchtig sein. Warum will sie nicht zu mir, sondern fragt nach meinem Mann? Ja, das könnte ich. Aber was hätte ich davon? Es ist eine Tatsache, dass mein Mann sich voll auf seine Enkelkinder einlassen kann. Es ist eine große Gabe, die er besitzt, dass er kindlich mit den Kindern spielen kann. Natürlich lieben ihn die Kinder dafür. Ich bin erst wieder interessant, wenn es Pfannkuchen gibt.

Ich freue mich, wenn es rund um meinen Esstisch allen schmeckt und mit und für meinen Mann freue ich mich, wenn ihn die Liebe seiner Enkelkinder die Bürde der Krankheit für eine Weile vergessen lässt. So einfach kann das Leben sein. So habe ich an einem einzigen Vormittag schon Lebensfreude für eine ganze Woche gesammelt.

Wie gesagt, ich bin sehr, sehr reich. Meine Glückstruhe voller Gold der Freude füllt sich jeden Tag. Ich werde mit jedem Tag reicher, weil ich ständig Glück hinzuverdiene und wenig abfließen lasse. Ich finde mein Glück überall.

Das Glück liegt in den kleinen Dingen

Vor allem in den kleinen Dingen des Lebens. Ich liebe Farben, ich liebe Kunst, ich liebe Musik, ich mag gutes Essen, ich erfreue mich an der Baumrinde im Wald und am weichen Moosbett im Garten. Am meisten freue ich mich über sogenanntes Unkraut. Ich bewundere die schönen goldgelben Löwenzahnblüten, die sich aus den kleinsten Ritzen im Asphalt unter den schwierigsten Bedingungen durchboxen und meine Welt bunt und lebenswert machen und viele Honigbienen anlocken. Das Wort Unkraut hingegen verabscheue ich. Wer hat das Recht die Welt der Pflanzen in lebenswert und nicht lebenswert einzuteilen? Was geht in einem Menschen vor, der den täglichen Rasenkampf gegen das Unkraut führt? Wo bleibt die Freude an den schönen Dingen? So füllt jedes sogenannte Unkraut meine Glückstruhe und lässt mich reicher und reicher werden, während mein Nachbar jeden Tag ärmer wird an Glück und Zufriedenheit, weil er sich im Dauermodus des Bekämpfens gegen die Pflanzen befindet, die er Unkraut nennt.

Zurück zum Glück des Habens, das mir Zufriedenheit schenkt und manches Mal auch Trost spendet.

In meinem Geschirrfundus befinden sich zwei große irdene Tassen. Sie stammen aus dem Haushalt meiner Mutter. Die Tassen waren das Hochzeitsgeschenk für meine Eltern. Sie haben ihr Blümchendekor schon lange verloren. Aber ihre unerschöpfliche Kraftquelle für mich werden sie immer behalten. Sie sind für mich das Symbol meiner glücklichen Kindheit. Ich trinke nicht oft daraus, ich will sie schonen, sie sind mir für den Alltag zu kostbar. Ich hole sie hervor, wenn es mir nicht so gut geht, wenn ich traurig bin oder Sorgen habe. Dann bereite ich mir in einer dieser Tassen einen Kräutertee aus Taubnesselblüten. Auch darin steckt für mich eine wertvolle Erinnerung. Meine Mutter hatte oft Unterleibsschmerzen. Deshalb habe ich als Kind zusammen mit meinen Freundinnen im Garten Taubnesselblüten gesammelt, weil diese als ein wertvolles Heilmittel aus Gottes Apotheke gegen Frauenleiden gelten. Dieses Teeritual spendet mir für den Moment der Sorge die mütterliche Kraft aus meiner Vergangenheit und macht das Tragen des Sorgenrucksacks im wahrsten Sinne des Wortes erträglich.

Einleitung

Ich könnte diese Reihe an Gelegenheiten zur Freude und zum Glück seitenlang fortsetzen. Aber darum geht es nicht. Es geht darum, Ihnen liebe Leserinnen und Leser, eine Idee davon zu geben, dass das Leben IMMER schön ist, auch wenn es manches Mal so gar nicht danach aussieht. ALLES, auch das schlimmste Schicksal, hat zwei Seiten.

Es ist Ihre Entscheidung, welche der Medaillenseite Sie betrachten wollen. Das ändert nichts an den Fakten, die nicht selten hart, traurig und belastend sind, aber es erleichtert es uns, das Schicksal anzunehmen und zu tragen. Die Lebensfreude ist unsere größte Energiequelle und die beste Medizin.

Ich hoffe, dass ich Ihnen mit diesen einleitenden Zeilen Lust auf dieses Buch machen konnte. Sie werden sicher keine neuen Weisheiten erfahren. Es haben schon so viele Menschen vor mir gelebt und sich Gedanken um das Glück des Lebens gemacht. Ich werde das Glücksrad in diesem Buch nicht neu erfinden.

Aber zusammen mit meiner Seelenfreundin Schwester Teresa werden wir ein Feuerwerk an Glücksmomenten, an Ideen, an Augenblicken, an Gelegenheiten, an motivierenden Gedankengängen, Einsichten und Lebensweisheiten zusammenfügen, damit Sie für eine glückliche Zukunft über die Einsicht und Erkenntnis verfügen, wie Sie die richtige Seite der Medaille erkennen können, um auch in Krisen bestens gerüstet zu sein für ein kleines bisschen Glück.

Lassen Sie mich diese Einleitung mit den klugen Worten meines weisen Vaters und meiner lieben und herzensguten Mutter beenden:

»Nur der Not keinen Schwung lassen.«
Hans Diem

> *»Der Mensch denkt und Gott lenkt.«*
> Maria Diem

Meine Eltern haben mich sehr reich mit Liebe beschenkt, ihre Lebensweisheiten werden mich ein Leben lang begleiten, auch wenn sie schon lange tot sind.

Es ist mir eine Ehre und große Freude, Sie in diesem Buch daran teilhaben zu lassen.

Ihre Eva-Maria Popp

Kapitel 1:

Geliebte Menschen

Einen geliebten Menschen verloren – mit Hoffnung getröstet und gesalbt

Schwester Teresa Zukic

Ich zünde eine Kerze an, betrachte das Bild meiner Freundin und mein Herz quillt über vor Liebe. Du solltest hier neben mir sitzen, liebste Carola. Wir würden Gott lobpreisen, würden lachen und innig plaudern, über Gott und die Gemeinde und all das, was wir noch umsetzen wollen. Ich würde uns etwas Leckeres servieren und wir würden anstoßen. Die Stunden würden verfliegen, wir würden uns umarmen und uns schon auf die nächste Begegnung freuen. Aber du bist nicht mehr da.

An dem Tag, als ich erfuhr, dass ich krebsfrei bin, hast du, geliebte Carola, erfahren, dass du den Darmkrebs nicht überleben wirst. Drei Tage hattest du es mir verschwiegen. Du wolltest, dass wir erst Pfingsten feiern. 2021 stand das 27-jährige Gründungsfest unserer »Kleinen Kommunität der Geschwister Jesu« an. Ich war wieder gesund, ich würde weiterleben und was für ein Pfingsten der Freude war das. Dann riefst du an. Du wolltest, dass ich es von dir selbst erfahre.

Als ich die niederschmetternde Nachricht hörte, hielt ich den Atem an. »NEIN, das kann nicht wahr sein. Nein. Das geht doch nicht, mein Gott«, schrie ich innerlich. »Wie soll ich mich jetzt noch freuen trauen, dass ich wieder gesund bin?«, sagte ich kleinlaut.

»Du musst dich freuen«, sagte Carola, »Tausende haben gebetet, dass du gesund wirst. Die Welt braucht dich.« Ich stammelte weinend: »Die Welt braucht dich doch auch, Carola.« Sie schwieg einen Moment. Dann sagte sie ganz ruhig: »Teresa, ich weiß, wo ich hingehe, ich will nur keine Schmerzen haben und noch ein paar Tage nach Hause, um mich zu verabschieden, und das haben die Ärzte mir versprochen.«

Als ich mich nach Stunden beruhigt hatte, schaute ich von meinem Krankenbett hinaus in den Himmel. Ich nickte meinem Gott zu. »JA, DU allein weißt, was das Beste für sie ist.«

Ich war erst nicht bereit gewesen, die Nachricht von Carolas Unheilbarkeit annehmen zu können, doch sie selbst hatte sie bereits angenommen. Plötzlich war ein Film vor mir abgelaufen, und ich erinnerte mich an die Zeit, als der Tumor bei mir ausgebrochen war: Ich hatte vor Schmerzen geschrien. Ich sah entstellt aus. Beim Blick in den Spiegel hatte ich gedacht: »Das ist nicht mehr Tereschen.« Ich hatte bitterlich geschluchzt, wenn die Attacken kein Ende nehmen wollten, so unerträglich hatte mir der Krebs seine Macht gezeigt. Kein Schmerzmittel hatte mehr geholfen. Meine Mama, Pfarrer Franz oder meine Mitschwestern hatten mich festgehalten, wenn ich schrie. Dank sei Gott hatte mich mein guter Doktor Jalid Sehouli von der Charité, der bereits die Voruntersuchungen für die OP durchgeführt hatte, sofort nach Berlin zurückgeholt. Eigentlich hatte ich mich zu Hause noch eine Woche vor der großen OP ausruhen sollen. Er hatte sofort einen früheren Termin angesetzt, als er mein Foto sah, das ich ihm geschickt hatte. Ich war zurück nach Berlin gebracht und mit Schmerzmitteln vollgepumpt worden. Ich hatte Angstschweiß bekommen, wenn der Schmerz bei der nächsten Attacke sich ankündigte, und bekam Todesängste,

»Nein, solche Schmerzen soll kein Mensch ertragen müssen, niemals mehr. Schon gar nicht meine geliebte Freundin.«

Gott wird sie vor weiteren Schmerzen bewahren wollen. Gott wird sie heimholen.

Wir konnten uns zwar nicht annähernd vorstellen, wie es hier weitergehen sollte ohne den guten Geist der Pfarrei, der großen Dienerin für Klein und Groß. Was würde das für ein Schrecken sein, wenn es bekannt wird?

Aber Gott schenkte mir Seinen Frieden. ER weiß es besser. ER weiß, was Seine starke, geliebte Tochter ertragen kann. ER holt sie in SEIN Paradies zurück, in SEINE Liebe. In »DIE« Liebe, aus der sie geschaffen wurde. Die Liebe selbst holt sie heim. Wie oft hatte ich schon darüber nachgedacht, wie Gott sich fühlen muss?

Vielleicht denkt ER manchmal: »Es ist nicht das Schlimmste zu mir zu kommen!« Und dann war mir wieder alles so klar, so bewusst, so einleuchtend. Als ich meine ersten Todesängste hatte, hatte ich mich ja gefragt, »was das Schlimmste am Sterben eigentlich ist«. »Tereschen«, habe ich mir selbst gesagt, »das Schlimmste am Sterben ist doch nur, Menschen, die man liebt, verlassen zu müssen, oder Menschen, die man liebt, hergeben zu müssen.« Aber ich war doch vorbereitet auf alles. Hatte mich dem Sterben und meiner Angst gestellt. Hatte mir viele meiner Ängste wieder ausgeredet, die ich mir zuvor eingeredet hatte. Was man sich einredet, kann man sich auch wieder ausreden. Ich weiß doch auch, wo ich hingehe. Wir alle müssen einmal sterben. Das Pony, der Hund und die Zimmerpflanze und auch ich werden sterben und das ist gut so. Es wird nicht schlimm sein, wenn ich in 50 Jahren nicht mehr da bin. Da ist nämlich niemand mehr da von den Menschen, die ich jetzt liebe. Meine Liebsten, die für mich geschaffen wurden, wie meine Mama, meine Familie, meine Gemeinschaft, werden dann ebenfalls nicht mehr auf dieser Erde sein.

Und wie dankbar war ich Gott, Carola zu kennen, als Freundin und Unterstützerin zu haben – ich habe sie so sehr geliebt. Sie ließ mir, als ich krank war, unzählige Briefe und Karten von Gemeindemitgliedern schreiben und schickte sie mir nach Berlin ins Krankenhaus. In den nächsten Telefonaten lachten wir sogar wieder zusammen.

Als sie nun selbst so schwer krank war, erzählte sie mir, wie sie schon alles geplant hatte für ihre Beerdigung. Sie war die perfekte Organisatorin. Und mal schauen, wie sie den Himmel aufmischt. Sie geht uns nun nur voraus.

Als Carola starb, leuchtete ein Regenbogen über dem ganzen Seebachgrund. So lange und intensiv, dass wir alle nur dankbar staunen konnten. Sie hat sich spektakulär verabschiedet. Gott hat ein Zeichen gesetzt und uns gezeigt, wo sie jetzt ist. Ein Regenbogen, Gottes Hoffnungszeichen, dass er uns niemals alleine lässt. Der Bund Seiner Liebe gilt jedem, der an IHN glaubt.

Ich kann nicht anders als diesem Gott vertrauen. Er hat uns nie eine heile Welt ohne Krankheit, Leid oder Tod versprochen, aber wir können darauf vertrauen, dass wir den Weg niemals alleine gehen müssen. Keinen einzigen Tag. Auch wenn ich nicht alles verstehe, so weiß ich, dass alles einen tieferen Sinn hat. Natürlich weinte ich und weine ich noch immer manchmal um Carola. Ebenso trauere ich um meinen Vater, der kurz danach an Corona starb, um kostbarste Freundinnen und Freunde mit ihren Familien und unserer Gemeinde. Tränen sind von Gott. Sie entspringen der Liebe. Der Schmerz ist nichts anderes als der blutende Liebesschmerz.

Trauermomente gehören zum Leben dazu

Trauer braucht Zeit. Wenn ein geliebter Mensch stirbt, ist von einem Moment auf den anderen alles anders. Das eigene Leben scheint stehen zu bleiben. Der Schock muss verarbeitet werden. Die Lücke tut weh, das Herz tut weh. Jeder Mensch trauert auf seine eigene Weise.

Ich frage mich, wie ich ohne meinen Glauben die vielen Herausforderungen überhaupt hätte verkraften können. Wie ich überhaupt leben könnte ohne meinen Glauben? Wie unsagbar dankbar bin ich meinem Gott, dass er mich gefunden hat, damals als 18-Jährige im Sportinternat. Ich hatte ihn nie gesucht. Mein Leben war bis dahin ein lebenslustiges Lied und alles drehte sich um Sport, Leistung und Erfolg. Seit Gott in mein Leben kam, ist aus dem lustigen Lied eine Symphonie geworden. Ein großes Orchester, das eine Melodie spielt, die mich trägt, und das Leben hat mir einiges abverlangt.

Die Trauer um einen verstorbenen Menschen ist die tiefste Trauer. Aber gab es nicht schon vorher so viele Trauermomente in meinem Leben?

Als meine Eltern nach Deutschland auswanderten, waren mein Bruder und ich für ein Jahr bei unserer wunderbaren Oma in Kroatien geblieben. Ich trauerte um Mama und dann um die Oma, als wir nach Deutschland zogen.

Auch als ich mein geliebtes erfolgreiches Kunstturnen als 13-Jährige aufgeben musste, weil meine rechte Hand das nicht verkraftet hatte, war meine Trauer groß. Welch ein Schmerz. Das Kunstturnen war bis dahin mein Ein und Alles, mein Lebensinhalt gewesen. Das dachte ich damals. Darüber würde ich nie hinwegkommen. Ich muss lächeln über die Naivität des Teenagers, der ich damals war. Einige Wochen später lud mich eine Freundin meiner Mutter zum Leichtathletiktraining ein. Dienstag ging ich zum ersten Training, Samstag hatte ich bereits meinen ersten Wettkampf. »Wenn Gott etwas nimmt, gibt er etwas Besseres!« – Da war es wieder. Und was für eine wunderbare Zeit als Leichtathletin hatte Gott mir geschenkt. Es geht immer weiter. Das alles waren kleine erste Schritte in der großen Schule des Lebens.

Unendlich geliebt

Als 58-Jährige schaue ich zurück und Lichtfunken von unzähligen Momenten schießen mir durch Kopf und Herz, wie oft ER gesorgt hat. Ich fühle mich in meinem Glauben getragen, Gott hat Seine Verheißung wahr gemacht. Ich kann einfach nicht an IHM zweifeln. Ich bin mit Hoffnung getröstet und fühle mich mit Seiner Liebe gesegnet. Als ich in der Osternacht 1984 als Erwachsene getauft und gefirmt wurde und meine Erstkommunion erhielt, fühlte ich die Salbung auf meiner Stirn intensiv. Ich spürte: Der Hl. Geist wird mich nie verlassen, wenn ich ihn nie verlasse.

Wie sehr wünsche ich mir, dass so viele das auch empfinden könnten, trauernde, aber auch nicht trauernde Menschen. Darum werde ich nicht müde, von Ort zu Ort zu reisen und in meinen Vorträgen von der atemberaubenden Liebe zu sprechen. Ich werde nicht müde, die Menschen zu ermutigen und vor allem Trauernden einen heilsamen Trost zu wünschen. Denen, die nicht hinwegkommen über den Tod des geliebten Lebenspartners oder eines Kindes.

Ich glaube, es gibt nichts Schlimmeres, was einem Menschen, einer Mutter, passieren kann, als sein Kind zu verlieren. Wenn ein Kind stirbt, so empfinden es viele Mütter ein Stück weit so, als wenn sie selbst sterben. Als Seelsorgerin weiß ich um die nie endende Trauer. Dann wage ich manchmal zu sagen: »Stell dir vor, es wäre umgekehrt: DU wärst gestorben und dein Kind oder dein Mann würde leben! Was würdest DU ihm aus dem Himmel sagen wollen? Mein Schatz, hör auf zu weinen. Bitte lebe! Wenn man einen Menschen liebt, will man, dass er glücklich ist. Ich kann nicht glücklich sein im Paradies, wenn DU unglücklich bist. Bitte, mein Schatz, umarme die Welt – wir sehen uns wieder! Würdest du ihm oder ihr das nicht sagen wollen?«

Schon so viele haben diese Sätze getröstet. Darum werde ich nicht müde, sie zu sagen. Ich möchte euch alle umarmen. Euch allen, die trauern. Wie groß muss eure Liebe sein, dass der Schmerz nicht enden will. Sie reicht in den Himmel, in das Herz Gottes. Ich bewundere euch und ich werde weiter beten, dass ihr Trost empfangt.

Sei umarmt

DU trauerst.
Das tut mir so
Unendlich leid.
Vielleicht traust Du Dich
Mal wieder zu vertrauen.
Das wünsche ich Dir so sehr.
Möge ER Dich mit
Hoffnung trösten,
mit Heiligem Geist salben
Und mit Liebe umarmen.

Zurück ins Leben finden

Eva-Maria Popp

»Vielleicht traust du dich wieder mal vertrauen«, schreibt Schwester Teresa in ihren Gedanken über das Trauern auf den vorigen Seiten. Damit spannt sie einen großen und weiten Bogen, der uns alle durch das Leben trägt: Von der Trauer zum Trauen zum Vertrauen.

Ein schönes Wortspiel, in dem ALLES, sozusagen die Essenz über die Philosophie des Lebens, steckt. Aus psychologischer Sicht gesehen, wird dadurch exemplarisch der Ablauf eines Trauerprozesses dargestellt.

Trauern ist ein Grundelement des Lebens und zieht sich durch das Leben.

Mit unserer Geburt beginnt das Abschiednehmen und Trauern. Wir verlassen unseren Schutzraum und werden »verstoßen« aus dem Paradies des warmen Mutterleibs. Doch ohne diesen Akt des Loslassens, der sicherlich schockierend, schwer und unangenehm ist für das Baby, würde diesem neugeborenen Lebewesen nicht das Glück des Lebens geschenkt. Daran kann man das Glück und gleichzeitig die Tragik allen Lebens erkennen. Abschied nehmen und loslassen ist der Samen der Veränderung und der Keim der Entwicklung für alles Neue.

Auch die Natur macht uns diese unumstößliche Tatsache im Jahreszeitenzyklus deutlich. Ohne Sterben im Winter keine Blütenpracht im Frühjahr und keine reiche Ernte im Sommer und Herbst. Deshalb möchte ich den Begriff des Trauerns nicht nur auf die sicherlich schlimmste Form des Trauerns, der Trauer um einen verstorbenen Menschen, beziehen.

Es gibt unzählige Möglichkeiten, in denen wir von Trauer betroffen sind: Partnerschaften brechen auseinander, Ehen gehen kaputt, Freundschaften enden, der Verlust des Arbeitsplatzes wirft uns aus der Bahn, Krankheiten rauben uns die Gesundheit, die Kinder gehen aus dem Haus, wir müssen unsere Heimat verlassen. Sogar eigentlich positive Umstände, wie der endlich erworbene Schulabschluss, ziehen oftmals eine gewisse Trauer nach sich, weil man dem alten und bisher gewohnten Lebensrhythmus und Freundeskreis nachtrauert.

Zusammenfassend lässt sich sagen, dass die Trauer ein fester Bestandteil unseres Lebens ist und untrennbar mit dem menschlichen Dasein verwachsen. Kein Mensch wird von Trauer verschont. Deshalb ist es lohnend, sich zu trauen, auf das Trauern einzulassen und ihm einen bewussten Platz im Leben zu geben.

Trauern, Schritt für Schritt

Die menschliche Psyche hat ein festes Schema, wie sie mit Schockerlebnissen und Trauer umgeht. Forscherinnen wie die Bildungswissenschaftlerin Erika Schuchardt haben mit ihren Modellen gezeigt, wie Menschen auf Krisen reagieren. Erika Schuchardts Modell besteht aus acht Phasen, ich beschränke mich hier auf die markantesten:

Die erste Phase im Modell von Erika Schuchardt ist die Phase der Ungewissheit und Leugnung. Wenn ein schlimmes Erlebnis eintritt, reagiert unsere Seele, indem sie die Fakten nicht an sich heranlässt. Wir kennen Ähnliches aus der Medizin, wenn Menschen, die einen Schock erleiden, keine Schmerzen spüren.

Auf die erste Phase folgt die Phase der Unsicherheit. Nach der kommt langsam das Bewusstsein, dass das Unmögliche, Undenkbare doch wahr sein könnte, und irgendwann holt uns die Gewissheit ein, dass der schlimmste Fall, z. B. der Tod eines geliebten Menschen, eingetreten ist. Er ist unvorstellbar und nicht begreifbar. Nun ist es die Aufgabe des Trauernden und seiner Begleiter, dieses unbegreifliche Erleben durch einen aktiven Trauerprozess begreifbar zu machen. Was ich greifen und »anfassen« kann, hat die Chance be- und verarbeitet zu werden. Deshalb ist es wichtig Fakten zu schaffen. Dazu brauchen wir Menschen und liebevolle Begleiter, mit denen wir sprechen, es besprechen können. Begreifen ist sehr, sehr schmerzhaft und zieht eine Menge an Aggression nach sich. Deshalb sind Trauernde für ihre Mitmenschen manches Mal eine Herausforderung. Doch hat dieses Ausleben der Aggression für die Trauernden eine wichtige Funktion und ist ein Motor auf dem Weg zum Begreifen, Verarbeiten und Annehmen des Schicksals. Der Begriff Aggression lässt sich aus dem Lateinischen ableiten - *aggredere* heißt übersetzt voranschreiten - und steckt voller Energie.

Im Verlauf der Schicksalsverarbeitung und des aktiven Trauerprozesses folgen die Phase der Aggression (»Warum gerade ich?«), die Phase der Verhandlung und die Phase der Depression. Auch das ist eine wichtige, nichtsdestotrotz unglaublich herausfordernde Stufe der Trauer. Die Menschen versinken förmlich in ihrer tiefen Trauer, werden geflutet von Verlustgefühlen und Sehnsucht nach dem Verlorenen. Das raubt den Trauernden jegliche Kraft und Energie. Wichtig ist, dass wir auch diese Phase zulassen, so schwer es auch fällt. Es gibt keinen dümmeren und unverschämteren Satz, als einem tief Trauernden zu sagen, dass jetzt mal Schluss sein müsste mit der Trauer. Ja, natürlich weiß ich, wie hilflos sich Angehörige und Freunde von Trauernden fühlen. Diese Menschen meinen es nur gut, wenn sie solche Sprüche loslassen. Doch sie bewirken nur das Gegenteil. Die beste Form der Anteilnahme und der Unterstützung ist einfach da sein, zuhören oder auch nur daneben sitzen. Im Übrigen braucht der Trauernde kein Mitleid, sondern ein echtes Mitleiden und Mitgefühl! Während dieser Phase der Depression entscheidet sich, wie der Trauer- und Heilungsprozess weitergeht. Wurden alle bisherigen Phasen aktiv bearbeitet - in all ihren negativen Seiten - dann ist die Chance sehr groß, dass der Trauernde allmählich auftaucht aus dem Meer der Tränen und die ersten Luftzüge des Lebens nimmt. Die Phase der Depression ist überwunden und wird allmählich abgelöst von der Phase der Annahme.

Die Phase der Annahme steht unter dem Motto »Annehmen, was ist.« Dieser kurze und prägnante Satz ist unglaublich wichtig im Leben. Wer sein Schicksal annimmt, trägt es in seinen Händen und kann es mit diesen Händen auch be- und verarbeiten.

Auf die Phase der Annahme folgt die Phase der Aktivität. Jetzt folgen die nächsten Schritte ins Leben: die Rückkehr zu einem selbstbestimmten und aktiven Leben und danach die Transformation des Erlebten in Form von aktiver Unterstützung durch Leidensgenossen. Daraus speist sich auch die äußerst wertvolle und heilsame Arbeit von Selbsthilfegruppen.

Petras Geschichte

Wie es möglich ist, nach dem furchtbaren Tod eines geliebten Menschen wieder zurück ins Leben zu kommen, hat mir die Geschichte meiner Freundin Petra Hohn gezeigt:

Ich stelle Ihnen meine äußerst geschätzte Freundin Petra Hohn vor, die für mich ein absolutes Vorbild ist und eine unglaublich inspirierende Frau. In ihrem ersten Leben war Petra eine erfolgreiche Bauingenieurin und hat ein Büro mit 40 Mitarbeitern geleitet - bis das Schicksal unerbittlich und sehr hart zugeschlagen hat. Ihr einziger Sohn Carsten hat sich in einem Waldstück in der Nähe der elterlichen Wohnung, ohne für seine Eltern erkennbaren Grund und ohne für seine Mitmenschen erkennbare Vorzeichen, das Leben genommen. Für das Ehepaar Hohn ist eine Welt zusammengebrochen, die Trauer war überwältigend. Gibt es etwas Schlimmeres im Leben, als das eigene Kind zu verlieren?

Petra hat über lange Zeit die Hilfe einer Trauergruppe in Anspruch genommen. Sie hat alle oben beschriebenen Phasen mit aller Bitterkeit und Schwere durchlebt. Das hat sie im Laufe der Zeit dazu befähigt, eine Ausbildung zur Trauerbegleiterin zu absolvieren. Später hat sie ihren Beruf aufgegeben und sich über 20 Jahre dem Ausbau des »Bundesverbandes der Verwaisten Eltern« in Leipzig gewidmet. Über viele Jahre war sie Geschäftsführerin bzw. im Vorstand dieser unglaublich wichtigen Institution. Sie hat ihre Erfahrung, ihr Wissen, ihr Leben den Menschen gewidmet, die das Schicksal am schwersten getroffen hat, nämlich ein Kind zu verlieren. Heute sagt Petra: »Ich begriff, dass ich etwas tun musste, was diesen Tod nicht so sinnlos macht.«

An Carstens Geburtstag fährt Petra jedes Jahr in den Wald, in dem sich ihr Sohn das Leben genommen hat, und setzt sich unter den Todesbaum. Sie zündet sich eine Zigarette an und hält Zwiesprache mit ihrem Sohn. Danach fährt sie nach Hause und feiert mit den Freunden ihres Sohnes und deren Familien eine Geburtstagsparty.

An Weihnachten, der sicherlich schwierigsten Zeit im Leben von trauernden Familien, fährt das Ehepaar Hohn an die Ostsee. Am Heiligen Abend schreiben sie gemeinsam einen Brief an ihren geliebten Carsten. Sie erzählen ihm, was das ganze Jahr über so passiert ist. Diesen Brief stecken sie in eine Flasche und übergeben ihn als Flaschenpost dem großen Universum. Besonders bewegend finde ich Petras Erzählung, dass es immer wieder vorkommt, dass sich eine Möwe auf die Flasche setzt.

Petra sagt, dass sie heute mit ihrem Schicksal im Reinen ist. Sie hat den Tod ihres Sohnes angenommen und kann darin sogar einen Sinn erkennen. Heute ist es ihr Ziel, Menschen zurück ins Leben zu helfen. Darum hat sie ein Buch über das Thema Trauer um Kinder mit dem Titel »Plötzlich ohne Kind« geschrieben und ist eine unermüdliche Fürsprecherin für ihren Verband geworden. Sie ist eine gefragte Expertin in der Presse und der Politik, wenn es um das Thema Trauer und Kinder geht. Kurz vor ihrer Pensionierung hat sie im Jahr 2019 aus den Händen des Ministerpräsidenten Bodo Ramelow das Bundesverdienstkreuz erhalten. Wohlverdient, liebe Petra! In ihrem Auszeichnungsvorschlag hieß es: »Sie ist nicht nur eine große Hilfe für viele betroffene Eltern – sie will Vorbild sein und zeigen, dass man nach einem so schlimmen Schicksalsschlag wie dem Verlust eines Kindes zurück ins Leben kommen kann.«

Ich habe sie lange nach dem Tod ihres Sohnes kennengelernt, weil ich ihrem Verband mein Trauerbuch für Kinder angeboten habe, das ich geschrieben habe. Seither arbeite ich mit Petra eng zusammen. Ich bewundere diese lebensfrohe und starke Frau, ihren Mut, ihre Lebensfreude und ihre ungebrochene und stets präsente und spürbare Liebe zu ihrem Sohn. Petra Hohn hat es geschafft sich auf die Trauer voll einzulassen, sie hat sich getraut zu trauern in all den dunkelsten Facetten. Sie durfte Transformation zum unerschütterlichen Vertrauen in das Leben erfahren.

Mein Fazit: Es braucht viel Mut, die Trauer zu akzeptieren, sich mit den eigenen Gefühlen auseinanderzusetzen und sie mit anderen Menschen zu teilen. Doch wenn wir uns mutig und voller Demut auf den Weg des Trauerns einlassen, können wir Heilung erfahren und den Weg zurück ins Leben finden. Allerdings ist dieser Weg der Heilung sehr, sehr anstrengend, steinig und steil. Deshalb braucht es unbedingt einfühlsame Helfer und Unterstützer – Angehörige, Freunde und professionelle Helfer.

Ich wünsche Ihnen viel Kraft und Mut auf dem Weg zum Vertrauen.

Kapitel 2:

Heimat

Heimat verloren - neue Möglichkeiten gewonnen

Schwester Teresa Zukic

Wenn ich auf meinen Touren nach Hause komme, von der Autobahn abfahre, an den Weihern vorbeifahre, die Schwäne, Störche und die Felder passiere im Seebachgrund in Franken und in die Garage fahre, überkommt mich immer dieses wundervolle Gefühl: zu Hause. Aber was ist meine Heimat?

Kroatien liebe ich, aber Kroatien ist nicht meine Heimat, denn ich habe es im Alter von 4 Jahren verlassen, als meine Eltern wegen der Fußballkarriere meines Vaters nach Deutschland ausgewandert sind. Ein fremdes neues Land war Deutschland für mich, aber das war mir damals egal: Heimat war für mich zuerst dort, wo meine Mama war. Die Liebe, die mich mit meiner Mutter verbindet, ist so gewaltig stark, dass ich schon mit 7 Jahren allein zu einem Turnwettkampf nach Paris fahren konnte. Ich hatte kein Heimweh. Mama war immer in meinem Herzen. Ich lernte in kürzester Zeit im Kindergarten die deutsche Sprache sprechen. Bis heute wundert man sich, dass ich Deutsch so akzentfrei sprechen kann. Ich wuchs im badischen Weinheim auf, turnte im südhessischen Viernheim, wechselte später auf ein Sportinternat nach Bad Sooden-Allendorf in Nordhessen und trat in Fulda ins Kloster ein. An vielen Orten arbeitete ich, bis ich meine eigene Gemeinschaft 1994 im Erzbistum Bamberg in Pegnitz in Oberfranken gründen durfte. Als Pfarrer Franz in den Ruhestand ging, verließen wir nach 17 Jahren einer gesegneten Zeit »unser« Pegnitz und zogen 2011 nach Weisendorf bei Erlangen, wo wir ein wunderbares Zuhause gefunden haben und herzlich willkommen geheißen wurden.

»Im Auftrag des Herrn unterwegs« war ich bereits seit über 10 Jahren auf Vortragsreisen unterwegs gewesen, bis der Lockdown und meine Krebserkrankung kamen – an meiner Seite meistens mein Pfarrer Franz, den ich liebevoll meinen »Bodyguard« nenne. Eine halbe Million Kilometer bin ich inzwischen am Steuer gefahren, um die fast 200 Veranstaltungen als Rednerin im Jahr zu bewältigen. Ich durfte die deutschsprachigen Länder kennenlernen und jede Region, jede Gegend, ja jeder Ort hat seinen eigenen Charme und überall ist es soooo schön. Ich liebe mein Deutschland und jeden Tag, wenn ich wieder aufbreche, hängt die kleine deutsche Minifahne an meinem Umhang, ein Abzeichen, das ich 2013 zu meiner Verdienstmedaille der Bundesrepublik Deutschland erhalten hatte. Welche Ehre für mich. Sie erinnert mich jeden Tag daran, mein Bestes für mein Land zu geben.

Unfassbar, dass ich den Krebs überlebt habe und wieder auf Tour sein darf. Es gibt für mich nichts Schöneres, als Menschen täglich zu ermutigen. Wenn ich dann auch noch meine Follower, die mit mir auf den sozialen Medien verbunden sind, zum ersten Mal persönlich treffe, lacht mein Herz. Sofort fühle ich mich mit ihnen eins.

Heimat ist, wo ich geliebt werde

Heimat kann ein Ort, ein Land, aber auch ein Mensch sein. Wo ich mich angenommen und geliebt weiß. Ich erinnere mich an die Zeit zurück, als ich als junge Schwester im Kinderdorf gearbeitet hatte. Abends, wenn ich Michael ins Bett brachte, beteten wir. Plötzlich sagte er: »Ich bin froh, dass du keine Frau bist!« Ich lachte. »Aber Michael, natürlich bin ich eine Frau.« – »Nee«, sagte Michael, »du bist eine Schwester.« Seine eigene Mutter hatte ihren geliebten Sohn nicht mehr versorgen können. Natürlich konnte das der kleine Junge nicht verstehen. Für ihn war eine Welt zusammengebrochen. Seitdem hatte er mit Erzieherinnen seine Probleme. Wie gerührt ich war. Ich war für ihn ein bissel Heimat geworden.

Es ist großartig, dass ein Mensch Heimat für einen anderen sein kann. In seiner Nähe fühlt man sich geborgen und man hat ein Gefühl von Sicherheit, Wohlbefinden und überschwänglicher Liebe. Die Zuneigung ist echt und ungeheuchelt. Sie ist befreiend, beruhigend, animierend.

Wie sehr wünschte ich allen Menschen auf dieser Welt so einen Menschen und so eine Familie, die das für den anderen sein kann. Heimat! Wo mehr zählt, was man ist, als was man leistet. Wo man ein wenig von dieser bedingungslosen Liebe erfahren darf. Angenommen und geachtet zu sein. Liebkost, bewundert und getragen ist. Sich jemandem anvertrauen zu können, sich helfen zu lassen, seine Gedanken und Gefühle offenbaren zu können geht nur bei jemandem, der einen wirklich mag.

Schon eine Stunde von diesem Menschen getrennt zu sein, kann Sehnsucht auslösen. Wir sehnen uns danach, gesehen, gehört und verstanden zu werden. Es gibt keine stillschweigende Wertschätzung. Sie lebt davon ausgesprochen zu werden. Sie ist ein Geschenk, das ich geben oder verweigern kann. Und vieles ist selbstverständlich, bis man es verloren hat. Dann ist es das Kostbarste der Welt. Heimat zu sein für einen Menschen ist mehr als Schutz und Verteidigung, eine Wohnung auch für die Seele. Geborgenheit und Quelle der Liebe.

Bei Gott zu Hause

Als Gott in mein Leben trat, war Heimat für mich überall, denn überall ist dieser Gott zu finden. Ich konnte ja nie aus Seiner Liebe fallen, wo ich auch bin, das begriff ich bald. ER ist ja die Luft, die ich atme. Ganz gleich, wo ich mich befinde. Jeden Tag beginnt Heimat in Seiner Nähe, weil ich mich mit dem Himmel verbunden fühle. Jesus hat sein himmlisches Zuhause verlassen und kam als Mensch auf die Erde.

Seine Menschwerdung ist für mich atemberaubend und unvorstellbar. Durch sein Leben, seinen Tod und seine Auferstehung hat Jesus uns eine Tür geöffnet, in Gottes Gegenwart zu sein. Immer hat er, solange er auf Erden wandelte, uns vorgelebt und berichtet, wie Heimat bei seinem Vater aussieht und wie es sich auf unser Leben wirksam macht.

Viele Geschichten und Gleichnisse, die Jesus erzählte, handeln von der Heimat: Wie der Vater dem Sohn entgegenläuft, ihn mit offenen Armen empfängt und zu Hause willkommen heißt, obwohl er von ihm weggelaufen war. Seine Rückkehr versetzte den Vater in himmlische Partylaune, dass er ein riesiges Fest feiert. Jesus zeigt uns, dass die Tür zu Seiner Heimat immer für uns Menschen offen steht. Wir brauchen kein Visum, da ist keine Einlasskontrolle, keine Bewerbung und kein Zeugnis nötig. Ganz im Gegenteil, bedingungslos kann jeder diesen Ort finden und ist willkommen.

Jesus lädt uns ein, »nach Hause«, in die wahre Heimat, in die Herrlichkeit der Gegenwart, aus der wir gedacht und erschaffen sind, zu kommen. Eintreten heißt dabei, Gott in sein Leben einladen. Er zwingt sich niemandem auf. Es ist die großartige freie Entscheidung des Menschen, die er vollkommen respektiert. Jetzt, heute, in diesem Moment können wir diese Einladung annehmen. Es genügt ein ins Herz gesprochenes Gebet. Wenn dieses Herz bei Gott Heimat gefunden hat, spürt der Besitzer einen übernatürlichen Frieden. So war es in der Nacht meiner Bekehrung. Ich hatte Gott nicht gesucht. Ein Satz der Bibel öffnete mir das Herz, es wurde mit seiner Liebe durchspült und war für immer »infiziert«. »Unsere Heimat ist im Himmel« (Philipper 3,20), sagt Paulus. Wie wunderschön das zu wissen und darauf hinzuleben.

Zerstörte Heimat

Eigentlich entsteht das Gefühl von Heimat erst durch Abwesenheit, dann, wenn man weit weg von zu Hause ist. Wenn wir von der »Heimat« sprechen, sprechen wir doch meistens von der Sehnsucht danach, vom Heimweh. Seine Heimat zu verlieren, ist brutal. Ziellos umherzuirren, wenn alles zerbrochen erscheint. Man versucht etwas festzuhalten, was nicht mehr da ist.

Wie nimmt mich das Schicksal der vielen Flüchtlinge der letzten Jahre mit! Wie das Schicksal der ukrainischen Menschen. Verlust der Heimat ist so gnadenlos, so bitterlich, so traurig. Es macht mich fassungslos, dass dieser Krieg weitergeht und kein Ende in Sicht ist. Wie stolz war ich auf alle Menschen, die Geflüchtete aufgenommen haben. Wir konnten in unserer Gemeinschaft leider keine Ukrainer aufnehmen. Wir haben gespendet.

Später bekam ich die Möglichkeit, die Menschen, deren Heimat zerstört wird, noch auf eine ganz andere Weise zu unterstützen: Ich hatte am Ende meiner Reha ein Acrylbild gemalt. Es zeigt einen Blick durch ein Schlüsselloch ins Paradies. Der Rand war dunkel, wie der Krebs, aber man sah einen Weg, der voll Liebe und Wärme war. Er führte in den Himmel. Im Lichtkegel oben hatte ich Jesus als König gemalt, der beide Arme emporreißt. Er hat alles besiegt. Auch den Tod. Es wartet immer das Leben auf uns. Als ich das Bild postete, wollten viele Menschen ein Plakat davon haben, worüber ich mich freute. Plötzlich bat mich jemand auch Postkarten davon zu machen, um sie in die Ukraine mitzunehmen. Ich war so bewegt. Als mich dann noch jemand bat, ein Gebet dazu zu schreiben, kamen mir die Tränen. Ich habe eine ukrainische Frau gebeten, es zu übersetzen und den Text auch in Kyrillisch zu schreiben. Tausende meiner Postkarten wurden in der Ukraine verteilt und wurden hier bei Friedensgebeten in Deutschland eingesetzt. Ich habe sie kostenlos verschickt. Zutiefst war ich gerührt und weinte so sehr, weil mein Bild zu einem Hoffnungsbild für Menschen, deren Heimat zerstört wurde, geworden war.

Für die Menschen in der Ukraine

Wenn ein so grausamer
Krieg den Boden unter den
Füßen wegreißt, sieht man keine
Zukunft mehr.
Alles verschwimmt. Todesangst um
seine Liebsten. Man ist sprachlos,
ohnmächtig, hat keine Tränen mehr.

Aber da gibt es plötzlich Menschen,
Gebete und Hände, die einem den Weg zeigen.
Da sind plötzlich wildfremde Menschen, die helfen.
Da sieht man plötzlich Licht
am Ende des Tunnels.
Man schaut durch ein Schlüsselloch
voller Dunkelheit und fängt an neu zu sehen und zu
fühlen.

Bei aller Verzweiflung gibt es so viel Licht,
Liebe und Wärme, von der man
getragen wird, man sieht wieder
Ein Ziel vor Augen.
Was auch geschieht, am Ende siegen wir immer.
Denn am Ende steht das Leben.

Das Leben kann nur gewinnen.
Alle Todeszeichen werden in Hoffnung verwandelt.
Der König hat den Tod
besiegt, die Liebe hat gewonnen.
Gott, du lässt uns nicht alleine und schickst uns Engel,

die uns den Weg weisen.
Das Leben ist heute da.
Wir geben nicht auf.
Die Menschheit hat jetzt schon über das Böse gesiegt,
weil es Menschen gibt, die lieben.

Finde deine Heimat!

Eva-Maria Popp

»Es ist großartig, dass ein Mensch Heimat für einen anderen sein kann. In seiner Nähe fühlt man sich geborgen und man hat ein Gefühl der Sicherheit, des Wohlbefindens und überschwänglicher Liebe«, schreibt Schwester Teresa über den Begriff Heimat. Wo sie recht hat, hat sie recht. Ihre Aussage trifft zielsicher einen der wesentlichsten Aspekte des Heimatbegriffs. »Heimat« ist sehr vielschichtig und vielfältig. Sie hat viele verschiedene Betrachtungsebenen. Und das ist gut so. Bedingt durch diese Vielfalt ist für alle was dabei. Mit Theodor Fontane ausgedrückt: Heimat ist »ein weites Feld«.
Fragen wir die Menschen um uns herum, was sie mit Heimat verbinden, erhalten wir viele Antworten:

»Heimat ist dort, wo man sich wohlfühlt.«
»Heimat ist der Ort, an dem ich gerade JETZT lebe.«
»Meine Familie ist meine Heimat.«
»Heimat ist der Ort meiner Kindheit.«
»Meine Heimat ist mein Sehnsuchtsort.«
»In der Musik finde ich meine geistige Heimat.«

Ich könnte die Auflistung der Antworten endlos fortsetzen. So viele Heimatbegriffe und Heimatbefindlichkeiten gibt es. Fakt ist - Heimat ist unglaublich emotional besetzt und hat mehr mit Emotionen zu tun als mit einem tatsächlichen Ort.

Kapitel 2: Heimat

Wie Heimatverlust uns Menschen prägt

Vor allem in Deutschland seit dem Ende des Zweiten Weltkriegs hat sich »Heimat« nochmals sehr verändert. Millionen von Menschen wurden unter Gewalteinwirkung und mit unvorstellbaren Erlebnissen, behaftet mit schlimmsten Traumata, ihrer Heimat beraubt. Zum einen waren es die Deutschen, die aus den Ostprovinzen vertrieben wurden und im Westen eine neue Heimat finden mussten. Aber auch Millionen von Juden haben während und nach dem Zweiten Weltkrieg durch Deportation, Vertreibung oder Flucht ihre Heimat verloren und noch dazu ihre geistige Heimat als deutsche Bürger.

All das wirkt in uns allen nach. Wir sind ein Volk der Suchenden geworden. Zwei unendlich brutale Kriege im vergangenen Jahrhundert haben den Menschen und ihren Kindern, Enkelkindern und Urenkelkindern die Heimat geraubt – sowohl lokal als auch emotional. Dieser Umstand ist mir sehr wichtig zu erwähnen, weil sich die Kriegstraumata bis in die seelische Befindlichkeit der nächsten Generationen hin auswirken. Erst wenn wir uns dessen bewusst sind, können wir damit beginnen, uns in der neuen Heimat wohlzufühlen.

Die Kriege in Vietnam in den 60er-Jahren, in Jugoslawien in den 90ern, in Syrien ab 2013 und aktuell in der Ukraine haben die in die Seele eingebrannte Heimatproblematik der Menschen in unserem Land noch verstärkt, weil so viele flüchtende und heimatlose Menschen in unserem Land Hilfe und Unterstützung suchen. Natürlich sind wir sehr bereit diese Hilfe zu geben. Schließlich gehört die Aufnahme von Flüchtenden zur Basistugend des Christentums. Die Weihnachtsgeschichte mit dem flüchtenden Elternpaar Maria und Josef und Christi Geburt in einem Stall ist schließlich die Kernbotschaft unserer christlichen Religion. Trotzdem schleichen sich manchmal unbewusst Angst und Sorge ein, weil jede Veränderung im Leben Angst macht. Das ist eine angeborene Reaktion und macht es uns so schwer neue Lebenssituationen anzunehmen.

Natürlich gibt es noch viele andere Verlustsituationen der Heimat aus persönlichen Gründen. Das kann der Umzug einer Familie sein, der den Kindern sehr schwerfällt. Oder denken Sie nur an die vielen Scheidungskinder, die ihr gewohntes Nest verlieren, weil die Eltern sich trennen. All das ist unter dem Verlust der Heimat einzuordnen.

Wieder andere erfahren in ihrer Kindheit Mobbing und Gewalt an ihrem Heimatort, entweder in der Familie oder in der Schule oder am Arbeitsplatz. Dann kann sich ein wohliges Heimatgefühl der Geborgenheit gar nicht ausbilden. Deshalb sind auch diese Menschen, unabhängig von ihrem Wohnort, ein Leben lang auf der Suche nach ihrer persönlichen Heimat.

Wo ist meine Wohlfühlheimat?

Sie sehen, dass es rund um den Heimatbegriff viele Probleme gibt, derer wir uns dringend annehmen müssen. Deshalb bin ich zur Überzeugung gekommen, dass wir gut daran tun uns eine eigene Heimat zu erschaffen und unserer Wohlfühlheimat auf die Spur zu kommen.
Die folgenden vier Fragen können uns bei der Suche nach unserer Wohlfühlheimat helfen. Stellen Sie sich diese Fragen offen und ehrlich. Nehmen Sie sich Zeit dafür und denken Sie in Ruhe darüber nach.

- Wo fühle ich mich wohl?
- Was tut mir gut?
- Welche Menschen tun mir gut?
- Wer oder was hindert mich daran, dass ich mich wohlfühlen kann?

Hilfreich ist dabei ein Wohlfühltagebuch zu führen. Nehmen Sie dazu ein Büchlein zur Hand, das Sie immer griffbereit haben. Teilen Sie die Seiten in negativ und positiv ein. Nun sammeln Sie sowohl positive als auch negative Tätigkeiten und Situationen. Halten Sie diese mit Datum und Uhrzeit und ein paar kurzen beschreibenden Worten fest. Dieses Wohlfühltagebuch sollten Sie mindestens drei Monate lang führen.

Sie werden staunen, was Sie dadurch über sich und Ihre persönliche Situation lernen. Danach ist es nur noch ein kleiner Schritt, die negativen Situationen aus Ihrem Leben zu verbannen. Damit machen Sie den Weg frei für Ihre persönliche neue Wohlfühlheimat.

Tröstspeisen, die nach Heimat schmecken

Und nun noch ein paar praktische Methoden, um sich eine persönliche Heimat zu schaffen. Dazu gehört sicherlich an erster Stelle das Essen, denn es gilt: »Essen hält Leib und Seele zusammen.« Wie oft hören wir den Satz: »Das schmeckt wie bei Oma.«

Welche Speisen haben Ihnen als Kind besonders gut geschmeckt? Mit diesen sollten Sie sich öfter mal verwöhnen.

Ich selbst habe zwei verschiedene Leibspeisen bzw. Tröstspeisen. Das eine ist ein Mehlmus. Das hat meine Mutter gekocht, wenn ich krank war. Es ist heiße Milch mit Speisestärke aufgekocht und mit Zimtzucker bestreut. Dieses Mehlmus bringt mir noch heute Kraft und Zuversicht zurück, wenn es mal dicke kommt.

Die zweite Speise gehört eher in die Kategorie Wohlfühlspeise. Meine Oma väterlicherseits hat sie immer gekocht. Es sind sogenannte Rupfhaub'n - eine Mehlspeise aus meiner niederbayerischen Heimat. Oma ist gestorben, als ich fünf Jahre alt war. An ihre Rupfhaub'n kann ich mich immer noch erinnern. Ich kann den Geschmack noch heute auf meiner Zunge spüren und habe sehr lange nach dem Rezept gesucht. Über eine Landfrauenvereinigung habe ich es gefunden. Seither schenkt mir diese Leibspeise ein Gefühl von emotionaler Heimat. Ähnlich verhält es sich mit Gerüchen, alten Bildern, Spielen und all den Dingen, die wir aus der Kindheit kennen.

Deshalb appelliere ich an Sie - machen Sie sich auf die Suche nach all den Dingen, die an Ihre Heimat erinnern. Dadurch finden Sie Ihre emotionale Heimat. Sie schenkt Schutz und Geborgenheit, Kraft und Energie.

Los geht's!

Kapitel 3:

Gesundheit

Gesundheit verloren – neue Berufung entdeckt

Schwester Teresa Zukic

Dieses Kapitel schreibe ich mit einer unglaublichen Freude und Dankbarkeit. Ich habe einen bösartigen Krebs überlebt. Ich habe alles erlebt von der Diagnose, der Todesangst, brutalen Schmerzen des Tumors, einer 7-Stunden-Operation, Chemotherapie, Bestrahlung, Reha, nachträgliche Bauchwandoperation. Ich musste wieder gehen lernen, essen lernen, leben lernen.

Aus einer Anfängerin im Krebskranksein wurde eine mündige Patientin. Ich hatte meine Gesundheit im Herbst 2020 verloren, als wir alle im Lockdown unser alltägliches Leben verloren hatten. Aber ich habe tiefste Lebenserfahrung, kostbarste Menschen, großartige Ärzte gewonnen, die zu innigen Freunden wurden. Ich wurde getragen auf einer Woge von Zuwendung, echter Anteilnahme, spürbarer Wärme, unzähligen Liebesbeweisen und einem Meer von Gebeten.

Eine Krankheit und eine neue Berufung

Der Krebs hat mich keinen Moment an der atemberaubenden Liebe Gottes zweifeln lassen. »Warum ich nicht?«, war meine erste Reaktion. Was privilegiert mich, so eine schlimme Krankheit nicht zu bekommen? Hatte ich bis dahin nicht ein wundervolles, positives, über alle Maßen erfolgreiches und erfülltes Leben gehabt? Soll ich jetzt, nach so vielen gesegneten Jahren, nicht auch was Schweres ertragen können? So lange durfte ich gesund sein und so viel Schönes durfte ich erleben. Jetzt, wo ich Gott am dringendsten brauche, werde ich doch nicht meinen Glauben über den Haufen werfen! Nein, das kommt nicht in die Tüte. Ich will sehen, ob all das, was ich geglaubt habe und andern verkündet habe, wahr ist: dass Gott uns nicht einen Augenblick verlässt. Dass unser Vater uns nie mehr zumuten wird, als wir tragen können – ja, dass wir nicht tiefer fallen können als in Gottes Hand.

Was auch geschieht, so war ich fest überzeugt, Gott hat etwas damit vor. Meine liebe Dr. Heidi, der ich die Vermittlung zu meinem Lebensretter, Dr. Jalid Sehouli, verdanke, hatte gleich am Anfang gesagt: »Teresa, dein Leben ist ein großartiges Puzzle. Ein Stein davon ist jetzt schwarz, aber der Rest ist ein buntes, herrliches, wunderschönes Bild.« Die Krebserkrankung wurde zu einer neuen Berufung.

Durch die Krankheit lernte ich, Menschen noch besser verstehen zu können und ihnen beizustehen. Und wie viele Anrufe erreichten mich. Was habe ich alles an Schicksalen erfahren, da kam mir mein Gebärmutterkrebs wie eine Kleinigkeit vor. Nie vergesse ich, als mir eine Frau erzählte, was ihr in der schlimmsten Phase ihrer Krebserkrankung geschah. Ihr Mann teilte ihr mit, dass er eine jüngere Frau kennengelernt hat. Er verließ sie mit den Worten: »Du stirbst ja sowieso.« Ich hielt den Atem an. Ich war fassungslos. »Schlimmer als der Krebs war es, so verlassen zu werden«, sagte sie leise. Erschütternd.

Mein Rat für Betroffene

Ja, ich habe unendlich viel erlebt, gehört und gelernt. Vor allem Betroffene zu ermutigen, die vor ihrem Diagnosegespräch stehen. Bitte nehmt jemanden mit, der euch liebt. Vier Ohren hören mehr als zwei. Wenn die vernichtende Diagnose über dich einbricht, steht die Zeit still. Der Arzt redet weiter, aber du hörst nichts mehr. Er erklärt dir Therapien und Operationen, aber in deinem Kopf hörst du nur: Ich werde sterben. Gut, wenn eine Begleitperson mitschreibt. Wenn ihr im Vorfeld euch schon Fragen überlegt habt.

Wenn ihr euch nicht wohlfühlt, kein Vertrauen spürt oder der Arzt euch von oben herab behandelt – denkt daran, ihr habt immer das Recht auf eine zweite Meinung. Es ist euer Körper, euer Leben, eure Lebenszeit.

Ich versuche Angehörige zu trösten und ihnen Mut zu machen, den Erkrankten seine Gefühle ausleben zu lassen. Jemand, der seine Gesundheit verliert, darf wütend, traurig, überfordert, ohnmächtig sein. Er muss nicht mehr funktionieren oder in solchen Momenten positiv denken sollen. Das ist wirklich zu viel verlangt.

Viel gelernt habe ich auch über Sätze, die wehtun. So etwa der schreckliche Satz »Du schaffst das.« Für mich war dieser Satz so schlimm. Ein Jahr habe ich gebraucht, um zu verstehen, warum er mir so wehgetan hat. Was schaffe ich denn?

Da sind Krebszellen, die mich auffressen wollen. Es wird operiert, die Chemo und Bestrahlung versuchen den Rest zu vernichten. Und wenn ich es nicht schaffe? Habe ich dann versagt?

Genauso müssen sich das so viele Kinder vor ihrer Klassenarbeit anhören. »Du schaffst das schon.« Gut gemeint, aber welcher Druck wird ausgeübt? Warum nicht stattdessen sagen: »Mein Schatz, was auch rauskommt, ich liebe dich!« Es gibt auch keinen schlimmeren Satz, als zu hören: »Gesundheit ist das Höchste.« Für mich ist das der größte Schmarrn. Das regte mich schon vor meiner Erkrankung auf. Das stimmt nicht. Geliebt zu sein ist das Höchste! Was müssten sonst alle behinderten und chronisch kranken Menschen denken, wenn Gesundheit das Höchste ist? Nein. Geliebt zu sein ist das Höchste. Und wie sehr wünsche ich jedem von uns Menschen an der Seite, die uns das spüren lassen.

Krank zu sein ist eine große Herausforderung. Der Kranke will manchmal den Angehörigen schonen, und umgekehrt meint der Angehörige immer stark sein zu müssen für den kranken Partner und die Kinder. Natürlich. Für die Angehörigen ist es genauso unerträglich. Es ändert plötzlich alles. Niemandem wurde beigebracht, wie man sich als Erkrankter fühlen oder benehmen muss. Auch keinem Angehörigen. Aber einfach da sein für den anderen. Ihnen beistehen. Ihnen zeigen, wie sehr man ihn oder sie liebt und ihnen Nähe schenken. Es braucht nur Liebe.

Wenn ich etwas gelernt habe während meiner Erkrankung, dass ich dennoch glücklich sein kann. Vergesst nie, wie kostbar jeder Tag ist. Es geht darum, die Zeit miteinander durchzustehen. Bewusst zu leben und die kleinen Kostbarkeiten, die Gott jeden Tag schenkt, nicht übersehen. Die Krankheit schenkte eine neue Wertschätzung für Gesundheit, glückliche Momente und Phasen der Zufriedenheit. »Vergiss nicht«, sagte Dr. Jalid Sehouli zu mir, »du hast viel mehr gesunde als kranke Zellen in deinem Körper. Konzentriere dich darauf.«

Viele schwere Stunden, aber unzählige neue Ideen

Meine Lebensfreude war trotz Krebs so stark und tragend und ich konnte so eine große Ausstrahlung gewinnen, um viele Menschen aufzurichten. Ich wurde nicht nur Schirmherrin des Welteierstocktages in Berlin, zur Botschafterin der Stiftung Eierstockkrebs ernannt, zum Ehrenmitglied der »Initiative mit Krebs leben« oder »Helferin im Ahrtal«. Ich kreierte einen gesunden Energieriegel und eine Kochschürze, deren Erlös für die verschiedensten Krebs-Initiativen wie »für Rosi« in der Charité, das Bamberger Kinderhospiz, die Ukraine oder das Ahrtal gespendet werden konnte, und ich wurde zur Ermutigerin für Gesunde und Kranke.

Denn auch während meiner Krankheit postete ich jeden Tag ermutigende Bilder und Gedanken. Ließ meine Community teilnehmen an jedem kleinen Fortschritt, aber auch an den schweren Stunden. Und die gab es wirklich.

Die erste Nacht auf der Intensivstation. Das unaufhörliche Piepen der Apparate, an Schlaf war nicht zu denken. Die Magensonde, die mir gelegt wurde. Die nicht enden wollenden Minuten, wenn ich auf der Toilette auf die Schwestern wartete. Die acht Stunden auf der harten Massagebank während der Chemotherapie. Wie oft ich gefroren habe. Die anfänglichen Versuche zu Hause nur beim Wasserlassen, bis ich eine Position gefunden hatte, dass es wieder funktionierte. Die vielen

Tränen auf der Toilette, das grausame Abschlussgespräch mit meiner Onkologin, die mir jegliche Hoffnung nahm, gesund zu werden, die unerträglichen Gelenkschmerzen nach der Leukospritze. Die Angst, sich mit Corona anzustecken, wo doch alle Werte so schlecht waren. Der erste Blick in den Spiegel mit Glatze. Ich weinte. Ich bat meine Mitschwester mir die Haare abzurasieren. Es war schrecklich, ständig die Haare im Mund zu haben und sie überall verstreut zu sehen.

Wir hatten ein Video gemacht. Ich ahnte nicht, dass es über 30.000 mal angeschaut wurde. Wie vielen Menschen ich Mut gemacht hatte, und als ich beschloss mich aus Solidarität so lange glatzköpfig zu zeigen, bis die Haare wieder da waren.

Ja, es gab sehr viele schwere Stunden. Aber hallo, es gab auch sehr viele schöne Stunden. Ich musste meinem Gehirn beibringen, an das Schöne zu denken. Gott beschenkte mich mit so vielen Ideen. Drei Bücher schrieb ich während meiner Erkrankung, nicht nur ein kleines Gebetsbüchlein, ein wundervolles Kochbuch der Lebensfreude mit meinem Arzt Dr. Jalid Sehouli, eine wunderschöne Weihnachtsgeschichte und das Buch, in dem ich meine Krankheit aufarbeitete. Kochen brachte mir meine Lebensfreude zurück. Meine Aktion mit einem 2,40 m großen Teddybär, bei der 18 000 Euro zusammengekommen waren.

Am Muttertag machte ich eine Aktion, bei der ich Mamas in ganz Deutschland anrief. So viele schrieben mir und baten mich darum, ihre Mamas anzurufen. »Ist da die allerbeste Mama der Welt? Hier ist Schwester Teresa!« – »Die Schwester Teresa?«, hörte ich am anderen Ende fragen. »Ja, die Schwester Teresa.« Wie viele ich glücklich gemacht hatte. Ich lag ja noch im Krankenbett während der Chemotherapie und musste mich ausruhen.

Auch im Krankenbett gingen die kreativen Ideen nicht aus: Eine ganz verzweifelte Frau rief mich an, sie dürfe nicht zu ihrem Mann, der plötzlich in die Klinik eingewiesen wurde, weil wegen Corona niemand zu ihm durfte. Wie vielen Tausenden war es so ergangen. Ich gab ihr einen Tipp und ich staunte: Schon am Abend hatte sie ihn umgesetzt. Sie ließ Herzballons mit Gas auffüllen, ließ sie mit einem Band befestigt bis zum Krankenzimmer ihres Mannes hochsteigen und band die Ballons an einem Baum fest. Wer hat gesagt, dass das verboten wäre? Nein. »Liebe und tue, was du willst«, sagte schon Augustinus. Ihr Mann war überwältigt.

So viel Schönes konnte ich jeden Tag entdecken und mich darauf konzentrieren, weil ich entdecken wollte, was möglich ist, wenn man krank ist.

Neue Kraft für Wartezeiten

Wenn ich all das damals gewusst hätte, was ich heute weiß! Als die vielen Untersuchungen begannen. Niemand hat einen darauf vorbereitet. Niemand einem gesagt, wie lang die Wartezeiten sind und wie viel Geduld man braucht. Geduld ist nach dem Duden »Ausdauer im ruhigen, beherrschten, nachsichtigen Ertragen oder Abwarten von etwas«. Ein schöner Satz. Aber sorry, wenn du deine Gesundheit verlierst, musst du gar nichts müssen! Nicht mal geduldig sein. Du darfst sogar wütend sein. Du darfst einfach nur du selber sein. Dir auch eingestehen, dass du es gerade nicht kannst. Und dann kannst du dich entscheiden.

Du darfst entdecken, was alles möglich ist, wenn manches unmöglich erscheint.

Werde Schatzsucher des Schönen. Gestalte deine Krankheit so, wie es dir guttut. Nimm dir immer was zum Essen und Trinken mit. Heute würde ich so vieles anders machen, als nur wie ein verängstigtes Schaf die Wartezeiten zu ertragen. Nimm dir Lesestoff mit oder was zu malen, zum Stricken. Höre Musik auf dem Kopfhörer. Und mein kleiner Geheimtipp: Wenn ihr euren Liebsten dabeihabt, dürft ihr sogar im Wartezimmer auch schmusen und euch küssen. Ich drücke gerne ein Auge zu und schmunzle. Das ist nicht verboten. Denn jede Stunde ist eure Lebenszeit. Genießt sie. Von einer Frau weiß ich, dass sie und ihr Partner gemeinsam Filme angeschaut haben. Es tut gut, sich nach jeder Untersuchung etwas Schönes vorzunehmen. Jeden Tag sich auf etwas freuen. Das tun Pfarrer Franz und ich seit 29 Jahren. Uns immer etwas für morgen überlegen, worauf wir uns freuen können. Das Schöne ist überall zu finden.

Manchmal erinnern wir uns daran, dass noch jemand da ist. Unser Gott. Einfach die Augen schließen und beten. Um Geduld beten. Es vermindert den Stress. Das habe ich öfter gemacht. Ich habe für die Mitwartenden gebetet. Sie taten mir auch so leid. Für das Personal. Die Ärzte. Ich weiß nicht, wie viele vor meiner Operation mit mir gebetet hatten. Als ich im OP lag, sagte ich zu den Ärzten: »Heute beten Tausende für Sie und fragen Sie nicht, wie viele Engel hier sind.«

Und es gab auch Momente, da war ich selbst schrecklich ungeduldig. Wenn man krank ist, erlebt man viel alles tiefer und intensiver. Meine Lebensfreude war unvorstellbar groß geworden, aber jede Kränkung zehnmal schlimmer. Jedes Warten müssen. Man besitzt nicht mehr die innere Kraft, wird dünnhäutig, weinerlich. Spürt, wie anstrengend jede Bewegung ist. Wie anstrengend Telefonate mit Krankenkasse oder Medizinischem Dienst sind. Wie man um alles kämpfen muss. Einspruch einlegen muss. Wie lange eine Wunde braucht zum Heilen.

Und die Seele? Die Seele braucht mehr als ein Pflaster. Gesundheit zu verlieren macht etwas mit dem Körper und der Seele. Es braucht vor allem Liebe und viel Zeit. Doch vergiss nie: Es ist deine kostbare, wundervolle Lebenszeit. Du allein kannst sie mit Leben füllen. Du kannst sie auch nützen, eine ganz neue Beziehung mit Gott zu knüpfen und dir Zeit für das Gebet zu nehmen. ER ist da. Immer für dich da. Du musst Ihn nur ansprechen.

Lass mich nie allein

Was der Tag
auch bringen mag,
ich vertraue Dir.
Du bist die Liebe
jeden Tag,
und die Kraft in mir.

Du bist die Hand,
die mich trägt,
wenn alles dunkel scheint.
Du bist der Trost,
der mich erreicht,
wenn alles in mir weint.

Du bist mein Gott,
mein Ziel, mein Sinn,
die Freude meines Seins.
Drum komm auch heut,
bleib mir nah,
und lass mich nie allein.

Kapitel 3: Gesundheit

Krankheit und intensive Lebensfreude

Eva-Maria Popp

»Krank zu sein ist eine Herausforderung«, schreibt Schwester Teresa über ihre Erfahrungen mit ihrer Krebserkrankung.

Ja, das stimmt. Ist das eine gute oder eine schlechte Nachricht? Ich denke, es ist eine sehr gute Nachricht. Es beinhaltet die frohe Botschaft, dass man die Möglichkeit hat, die Herausforderung anzunehmen. Zugegeben, das macht nicht gesund, aber es gibt uns unsere Handlungsfähigkeit, unsere Selbstbestimmung und unsere Würde zurück. Vor allem haben wir doch alle in unserem bisherigen Leben gelernt, dass man durch Herausforderungen auf alle Fälle ein Stück weiterkommt.

Na, dann packen wir es mal an.

Große Vorfreude und »besondere Umstände«

Ich erzähle Ihnen vom Abend, den ich gestern mit meinem Mann im Münchner Gärtnerplatztheater verbracht habe. Es war ein Samstag und wir haben uns Tickets für Candide gekauft. Das ist eine Oper von Leonard Bernstein und unser beider Lieblingsmusik. Wir waren guter, um nicht zu sagen sehr guter Dinge. Wir wohnen ca. eine Autostunde von München entfernt. Ich habe uns einen Picknickkorb für die Autofahrt bereitet. Es war auch ein kleines Fläschchen Sekt dabei, damit wir auf unseren schönen Abend anstoßen konnten. Gesagt, getan. Das Essen war sehr gut. Die Anfahrt verlief ohne Komplikationen, Stau usw.

Nachdem wir das Auto abgestellt hatten, haben wir uns zu Fuß auf den Weg durch die frühsommerliche Münchner Innenstadt gemacht. Vor allem die Ankunft am Gärtnerplatz hat mir große Freude bereitet. Das Rondell vor dem Theater wird am Abend von feierfreudigen jungen Leuten bevölkert – Lebensfreude pur. Es ist schön, das zu sehen.

Schließlich sind wir an unserem Platz im Theater angekommen. Ich hatte Karten in der zweiten Reihe ergattert und sogar einen Eckplatz für meinen Mann. Das ist sehr wichtig, weil mein Mann seit seiner Parkinsonerkrankung unter Klaustrophobie leidet und nicht mehr in der Reihe sitzen könnte. Außerdem muss er ab und an seine Beine zur Seite strecken. Sie würden nicht so lange still halten können. Die zitternden Beine nehmen keine Rücksicht auf die Zeitdauer der Oper. Deshalb ist bereits das Buchen von Theaterkarten, Opernkarten, Festivalkarten eine erste Herausforderung für mich. Es braucht Planung und Strategie. Aber so ist das mit »besonderen Umständen«. Umso größer ist die Freude, wenn es geklappt hat mit dem Kartenwunsch.

Die Vorstellung war unglaublich amüsant, aber auch sehr, sehr berührend und bewegend. Sie müssen wissen, bei Candide handelt es sich um einen Mann, der ein unverbesserlicher Optimist ist. Er ist ein herzensguter Mensch, der immer an das Gute glaubt. Er erlebt schreckliche Dinge. Das Schicksal führt ihn um die ganze Welt, er stolpert von Missgeschick zu Missgeschick. Am Ende wird alles gut.

Bis zur Pause war ich beseelt von der bezaubernden Musik, einem tollen Bühnenbild und so viel Witz, gepaart mit tiefgründiger Weisheit über das menschliche Leben. Mein Mann allerdings war im Laufe des Abends kreidebleich geworden. Es ging ihm sehr schlecht, so dass wir den zweiten Teil leider nicht mehr genießen konnten. Wir haben uns schleunigst auf den Heimweg gemacht.

Tausche Verlust gegen intensive Lebensfreude

In einer Situation wie dieser trennt sich die Spreu vom Weizen. Ich könnte schimpfen, ungeduldig sein, das Schicksal anprangern - natürlich hätte ich diese Aufführung gerne bis zum Ende gesehen - doch schimpfen und jammern hätte es nicht besser gemacht. Mein Mann hat auf dem Beifahrersitz geschlafen und ich habe die Stunde Fahrzeit genutzt, um über unser Leben nachzudenken.

Ich habe den Abend Revue passieren lassen. Wir hatten eine große Vorfreude - die kann uns keiner mehr nehmen - sie ist sozusagen bereits »konsumiert«. Unsere Anfahrt war sehr lustig und gemütlich, der abendliche Spaziergang durch München, die Aufführung - alles perfekt. Auf der Fahrt habe ich auch über das Stück an und für sich nachgedacht. Candide hat nie aufgegeben. Welche Botschaft hätte besser zu diesem Abend, aber auch zu diesem Buch gepasst.

Wenn ich unsere Gesamtsituation betrachte, dann kann ich nur resümieren, dass die Beziehung, die mein Mann und ich miteinander pflegen, durch seine Krankheit sehr erstarkt ist. Da auch ich nicht mehr die Gesündeste bin, haben wir gelernt, aufeinander Rücksicht zu nehmen. Wir genießen das Leben, soweit es geht. Wir sind dankbar und demütig und freuen uns sehr darüber, was wir alles erleben dürfen. Vor allem sind wir uns einig, dass wir nicht darüber nachdenken und nachtrauern über das, was wir nicht mehr können. Wir machen »gute Tauschgeschäfte«.

Wir tauschen den Verlust der Gesundheit gegen Lebensfreude über unsere Erlebnisse und unser Vermögen. Diesen Begriff meine ich nicht in Bezug auf Geld, sondern auf das, was wir können, was wir vermögen. Unser Leben ist sehr intensiv, da wir wissen, dass die Zeit kostbar ist.

All das schenkt unglaubliche Zufriedenheit und innere Ruhe, für die ich sehr dankbar bin. Ich habe mir fest vorgenommen, bis zu meinem letzten Atemzug zu genießen, mich zu bewegen, zu lernen und aktiv zu sein. Das Leben ist erst vorbei, wenn wir wirklich tot sind, wenn unser Bewusstsein in die andere Welt gegangen ist. Solange wir denken und fühlen können, muss unser Blick vorwärtsgerichtet sein. Zugegeben - das mag bei einer sehr schweren Erkrankung sehr schwierig sein. Aber kleinste Bewegungen kann man auch dann noch ausführen, zumindest im Ansatz. Es geht mir um die Intensität des Erlebens und diese können wir bis zum Ende des Lebens beibehalten. So ergibt unser Leben in jeder Situation Sinn.

Kapitel 4:
Würde

Würde genommen – mit neuer Würde beschenkt

Schwester Teresa Zukic

Viele Jahre lang versuchte ich die Kommunionkinder im Pfarrsaal von Pegnitz am Kommuniontag vor dem großen Einzug und der Feier zu beruhigen. Alles wurde mit den Kindern vorher geprobt. Ich kannte die Kinder auch aus dem Religionsunterricht in der Schule in der 3. Klasse und aus der Gemeinde. Die Kinder waren gut vorbereitet. Nur zwei Mal probten wir mit den Kindern, wie sie aus den Bänken treten sollten und sich in einem großen Kreis um den Altar stellen und wieder so zurückgingen, dass alle wieder auf ihre Plätze kamen. Mehr wollten wir nicht üben. Wir wollten sie nicht unnötig drillen, es sollte ein kindgerechtes und ein würdevolles Fest sein. Die Herz-Jesu-Kirche war meistens proppenvoll und gut 500 Plätze gab es. Es war jedes Jahr ein herrliches Fest. Die Freude sollte überwiegen. Unsere Kinder waren die Abenteuerland-Kindergottesdienste gewohnt. Kindgerechte, wunderschöne und tief ergreifende Feiern, in denen unsere

Kinder ernst genommen und durch die Art, wie wir gefeiert haben, gewürdigt wurden.

Es war ihr Gottesdienst, kein »Betreuungsgottesdienst«, und »wenn, dann werden nur die Eltern mit der Predigt betreut«, scherzte ich. Die Kinder sind der größte Schatz, den wir haben. Sie sind die zukünftigen Politiker, Ärztinnen, Lehrer, Mamas und Papas.

Kurz vor dem feierlichen Einzug, nachdem wir ein bis zwei Lieder im Pfarrsaal gesungen hatten, gab ich die letzten Anweisungen: »Kinder, ihr dürft euch jetzt einfach nur noch freuen! Jesus kommt zu euch!« Und ganz gleich, was passieren könnte, scherzte ich, »wir tun alles mit Würde!«

»Wenn ihr stolpern solltet, einfach wieder aufstehen. Wie?« Alle riefen: »Mit Würde!« »Wenn euch schlecht wird oder ihr mal auf die Toilette müsst, kommt einfach nach vorn zu mir, wir gehen dann zusammen raus – wie?« – »Mit Würde.« – »Wenn ihr euren Text plötzlich nicht mehr wisst, kein Problem, ich stehe daneben und flüstere ihn euch zu oder gebe euch den Text in die Hand. Einfach mit Würde weiterlesen.« Die Kinder lachten befreit. »Und nun stellen wir uns mit Würde auf ...« Unvorstellbar schöne, unvergessene Momente. Und so zogen wir feierlich und würdevoll hinein.

Ich erinnere mich, wie ich jedes Jahr meine Kinder von meinem Kinderchor einzeln zu mir in den Proberaum kommen sah und jedem sagte, was ich an ihm liebe, wofür ich ihn schätze, wie kostbar er oder sie ist. Die strahlenden Augen vergesse ich nie mehr in meinem Leben. Auch wenn die Probestunde dafür draufgegangen ist. Manche fingen als 5-Jährige an und gingen als 18-Jährige aus dem Jugendchor, wenn sie wegen Studium oder Lehre fortzogen.

Kapitel 4: Würde

Momente der Wertschätzung

Viele erinnern sich zuerst daran, wo unsere Würde gefährdet war oder wir sie verloren haben. Wo Menschen nicht gut mit uns umgegangen sind. Überlegen wir doch einmal, wer uns im Leben alles geschätzt hat: Wer hat uns in unserem Leben schon mal gewürdigt? Wann haben wir uns wertgeschätzt gefühlt?

Ich habe versucht, mich an die schönen, besonderen Momente der Wertschätzung meines Lebens zu erinnern. In der Grundschule war es mir peinlich, wenn ich plötzlich im Mittelpunkt stand. Einmal im Jahr kamen alle Schülerinnen und Schüler in der gemeinsamen Turnhalle zusammen. Ich zog in der Umkleidekabine meinen Turnanzug an und trat vor allen Lehrkräften und Schülern in die Halle. Die Direktorin sprach ein paar anerkennende Worte, erzählte von den Erfolgen, die meine Turnmannschaft oder ich in diesem Jahr gewonnen hatten, dann wurde meine Bodenmusik auf einem Kassettenrekorder eingespielt und ich turnte meine Übung vor.

Am Ende klatschten alle und dann ging es in die große Pause. Später, als mein Bild in der heimatlichen Zeitung erschien, nach erfolgreichen Wettkämpfen in der Leichtathletik, als ich Badische Meisterin im Fünfkampf wurde, war meine Mama natürlich stolz auf mich und wurde von ihren Kolleginnen oder Chefs in der Sparkasse darauf angesprochen. Sie waren stolz darauf, dass eine aus unserer Stadt Erfolg hatte. Wie überrascht sie waren, dass ich ins Kloster eintrat, kann ich mir gut vorstellen.

Der tiefste persönlichste Moment meines Lebens war meine Taufe als achtzehnjährige Erwachsene. Ich spürte: Ich war ein Kind Gottes. Die Freude war unbeschreiblich. Als Getaufte fühlte ich diese Würde sehr stark. Ich fühlte mich gesegnet, geliebt und gerettet, eben von aller Schuld befreit. Es war ein Geschenk des Himmels.

Natürlich sind mir noch weitere besondere Ereignisse präsent. Als mein allererstes Buch erschien, ich den Kulturpreis für Musik und Gegenwartsliteratur vom Kreistag Bayreuth erhielt, oder den Verdienstorden der Bundesrepublik Deutschland – ein unvergessenes Erlebnis. Jahre des Engagements wurden öffentlich wertgeschätzt. Oder die Anteilnahme der Bevölkerung, als Pfarrer Franz mit mir die riesige Summe in der Quizshow von Jörg Pilawa gewonnen hatte. Noch hundert Tage später erhielten wir Anrufe, Nachrichten oder wurden auf der Straße darauf angesprochen. Nach jedem Fernsehauftritt, ob bei Schreinemakers oder Markus Lanz, spürt man die Aufmerksamkeit der Menschen. Wenn ich gebeten wurde, mich in das »Goldene Buch« einer Stadt oder eines Landkreises einzutragen, war das für mich immer wieder ein unbeschreibliches Gefühl der Dankbarkeit und Ehre. Und natürlich spüre ich nach jedem meiner Vorträge, wenn der Applaus kommt, es Standing Ovations gibt oder Menschen ein Foto von mir wollen, die freundliche Wertschätzung der Menschen.

Jeder Mensch ist wertvoll!

Für mich ist jeder Mensch besonders und wertvoll. Jeder ist ein einmaliges, einzigartiges Geschenk für diese Welt. Das gilt für Sie und mich und jeden Flüchtling, jedes Kind und jeden Pflegebedürftigen. Wir sind auf der Welt, um geliebt zu werden und zu lieben. Uns ist eine Würde geschenkt, einfach weil wir sind. Jemand wollte, dass es uns gibt. Jeder verdient es, respektiert und geschätzt zu werden. Zu hören, dass man etwas wert ist, gehört zu dem grundlegenden Teil des Gefühls der Würde. Es hat also einen großen Teil damit zu tun, wie andere Menschen sich uns gegenüber verhalten, wie sie uns würdigen oder entwürdigen.

Zu Tränen hat mich gerührt, als mir vor kurzer Zeit ein Ehepaar mit verschiedenen Behinderungen erzählt hat, wie würdelos sie seit Jahren behandelt werden. Sie seien selber schuld und verdienen es nicht besser. Wie kann man das einem taubstummen Menschen nur sagen? Ich war fassungslos. Sie taten mir unendlich leid und ich versuchte ihnen meine Wertschätzung auszudrücken, denn ich bewunderte, wie sie ihr Leben meisterten.

Wie schnell man seine Würde verliert, habe auch ich als Kranke in der ersten Klinik erlebt. Manchmal fühlte ich mich würdelos behandelt. Ich fühlte mich wie eine Nummer, hatte Schmerzen und Ängste und war komplett verunsichert. Das erging nicht alleine mir so. Aber ich machte auch die Erfahrung, dass ich mich dagegen wehren kann und darf. Ich darf für meine Würde kämpfen.

Ebenso musste ich erleben, wie Menschen mich ablehnten, an mir zweifelten, weil Gott mir so viele Talente und Gaben geschenkt hat. In all den Jahren blieben einzelne Neider nicht aus. »Woran man keinen Anteil hat, daran rächt man sich«, hatte ich vor Jahren gelesen und es hat sich immer wieder bewahrheitet. Die meisten sehen den Erfolg, aber vergessen, wie viel Arbeit und Mühe dahintersteckt. »Neid muss man sich verdienen, Mitleid bekommt man geschenkt.«

Es tut so weh, »beurteilt« zu werden. Wenn andere dich spüren lassen, dass du nichts wert bist, ist das immer schmerzhaft. Wie vielen Kindern wurde gesagt, dass aus ihnen nichts werden kann, weil sie in der Schule Schwierigkeiten hatten, aber im Leben haben sie später als Erwachsene Großes geleistet?

Andere dagegen können nicht anerkennen, dass ihre Mitmenschen Großes getan haben oder tun. Sie können oder wollen gar nicht sehen, was sie leisten. Es gibt so viel Ungerechtigkeit, Ablehnung, Rassismus, Entwürdigung. So viel Hass oder Neid. Ein paar Worte nur genügen, um einen Menschen zu ermutigen oder ihn zu zerstören. Ein gemeiner Satz über das Aussehen eines jungen Menschen genügt, ihn in die Bulimie zu treiben. Worte haben Macht, Kriege auszulösen. Fake News zerstören das Ansehen von Menschen. Ja, unsere Welt ist nicht heil. Stimmt! Doch niemand darf uns unsere Würde nehmen!

Eine kleine Kämpferin für die gleiche Würde von Frauen und Männern

Gott sei Dank gibt auch diese großen wundervollen Heldinnen und Helden. Menschen, die sich ihr Leben lang für die Würde des Menschen einsetzen. Die für Gleichheit und Gerechtigkeit kämpfen. Eines dieser großen Vorbilder ist für mich die Kultrichterin »the Notorious R.B.G«, die berüchtigte R.B.G. Ruth Bader Ginsburg, eine Tochter von russisch-jüdischen Emigranten, ist heute eine Ikone der amerikanischen Geschichte. Sie prägte Amerika wie keine andere Frau ihrer Zeit und kämpfte unerbittlich für Gleichberechtigung von Mann und Frau. Als Oberste Richterin der USA kämpfte sie für die Rechte aller Unterdrückten: Sie kämpfte für das Recht auf gleiche Bezahlung. Sie kämpfte für das Recht, eine Militärschule besuchen zu dürfen. Sie setzte sich ein Leben lang dafür ein, dass Frauen die gleichen Rechte wie Männer erhielten. Als sie 1956 in Harvard zu studieren begann, war sie nur eine von neun Frauen unter über 500 Studierenden, die an der Law School gemeinsam ihr Studium begannen. Gemeinsam mit den anderen Frauen wurde sie vom damaligen Dekan gefragt, warum sie den Männern den Studienplatz wegnehmen. »Mann« hatte es diesen Frauen wahrlich nicht leicht gemacht und oft an ihrer Würde gekratzt. Ruth Bader Ginsburg wurde jedoch Jahrgangsbeste, erst in Harvard, später auch auf der Columbia University. Aber dennoch wollte sie niemand als Anwältin einstellen. Ihr Mann Martin, den sie im Alter von 17 Jahren kennenlernte, bewunderte ihre Schönheit und Klugheit. Als Ruth 21 Jahre alt war, heirateten sie und bekamen eine Tochter. Martin war die Liebe ihres Lebens. Er wechselte Windeln wie sie, putzte wie sie und studierte gemeinsam mit ihr Jura. Als Martin Krebs bekam, studierte Ruth weiter, arbeitete ganze Nächte durch, versorgte ihr Kind und kämpfte sich durch. Später bekamen sie noch einen Sohn. Sie war ein kleines Persönchen, nur 1,55 m groß, schüchtern, aber Gott machte sie mit unerschütterlichem Fleiß zur Obersten Richterin im Supreme Court. Präsident Bill Clinton rief sie in das Amt. Als Verfassungsrichterin hat sie unendlich viel Gutes getan. Ihr Mann und ihre Kinder liebten und unterstützten sie immer.

Am 18. September 2020 starb sie im Alter von 87 Jahren in Washington, D.C. Ihr Leichnam wurde einige Tage nach ihrem Tod für zwei Tage im Haus des Obersten Gerichtshofes aufgebahrt. Heute wird sie wie ein Popstar verehrt, ihr Konterfei ziert T-Shirts, ihr weißer Kragen hat Kultstatus, ihre große Brille ist legendär. Diese Frau war mehr als prominente

Richterin. Sie ist das, was man Vorbild, Inspiration und Vorreiterin nennt. Ruth Bader Ginsburg sagte: »So oft im Leben erweisen sich Dinge, die man als Hindernis betrachtet, als großes Glück.« Hindernisse haben sie stets motiviert weiterzukämpfen. Ihr Grundsatz, für den sie ihr Leben lang kämpfte, war: »Männer und Frauen sind Personen gleicher Würde und sollten vor dem Gesetz gleich zählen.«

Gott schenkt neue Würde

Vor Gott sind alle Menschen gleich und mit Würde versehen. In der Bibel lesen wir bereits auf den ersten Seiten, dass Gott den Menschen nach seinem Ebenbild schuf: »Da schuf Gott Adam, die Menschen, als göttliches Bild, als Bild Gottes wurden sie geschaffen, männlich und weiblich hat Gott sie geschaffen.« (1. Mose 1,27). Wenn also jemand genau weiß, wie wertvoll und einzigartig wir sind, dann ist es ER. Generell scheinen die meisten Menschen erst zu beginnen, ihrer Würde Aufmerksamkeit zu schenken, wenn sie sie verloren haben. Oftmals durch andere Menschen, und das tut mir unendlich leid. Manchmal verlieren sie ihre Würde aber auch durch eigenes Versagen und Schuldigwerden am anderen. Manches kann man nicht wieder in Ordnung bringen. Das ist schmerzhaft, doch Gott gibt uns nicht auf.

Am Beispiel vom König David können wir sehen, wie Gott an uns handelt. Gott erwählte den Jüngsten von sieben Söhnen zum König. Er schenkte ihm Würde und Pracht. Er war ein Mann nach Gottes Herzen. Wie großartig und wunderbar das ist. Er wurde zu einem großen Führer und Eroberer. Aber weil es natürlich nun mal keinen perfekten Menschen gibt,

Kapitel 4: Würde

hatte auch David seine Schwächen. Einerseits hatte er ein besonderes Talent, Vertrauen zu gewinnen, andererseits tendierte er auch dazu, dieses Vertrauen zu missbrauchen. Seine zweite große Schwäche waren Frauen. David versagte als Ehemann auf ganzer Linie, beging Ehebruch und scheute nicht einmal davor zurück, den Ehemann seiner Geliebten an die Front in den sicheren Tod zu schicken. Aber er erkannte seine Schuld und bat Gott von ganzem Herzen um Vergebung. Gott hat ihm vergeben. Selbst ein großer, begabter und guter Mensch kann also schuldig werden, aber Gott bleibt ihm treu. Sein Lebenswerk schmälert auch nicht, dass er versagt hat. David blieb der Lieblingskönig Gottes. Gott ist immer gewillt uns zu verzeihen.

Menschliche Geduld, Liebe und Vergebungsbereitschaft sind begrenzt. Manchmal ist der Schmerz so groß, dass wir einem anderen Menschen nicht vergeben können. Nach einer tiefen Verletzung werden immer Narben bleiben, die uns an die Verletzung erinnern. Wichtig ist, zu bedenken, dass vergeben nicht vergessen meint. Das wäre ja unmenschlich. Nicht vergessen ist wichtig, um aus der Vergangenheit zu lernen. Auch Gefühle sind kein Maßstab für Vergebung. Eine Verletzung kann immer noch wehtun, aber der Schritt der Vergebung ist befreiend, denn die Gedanken daran können quälend sein.

Menschen machen Fehler und Menschen machen sich schuldig, so wie König David. Doch was ist der Unterschied zwischen Fehlern und Sünde? Sünde ist, wenn ich gegen die Liebe handle. Gott gegenüber, den Mitmenschen oder mir selbst. Aber jetzt muss noch etwas Entscheidendes dazukommen: Habe ich bewusst gegen die Liebe gehandelt?

Wenn wir wieder etwas falsch gemacht haben, können wir uns fragen: War es gegen die Liebe und habe ich bewusst gegen sie gehandelt? Wenn nicht – war es ein Fehler! Aus Fehlern sollen wir lernen. Wir können uns entschuldigen. Das gilt natürlich auch für die Sünde: Wenn wir schuldig geworden sind, sollten wir uns bei den Menschen, an denen wir schuldig geworden sind, entschuldigen. Auch wenn es eine Sünde war, sind wir nicht verloren vor unserem Gott. Er kann Sünden vergeben und ER will Sünden vergeben, wenn wir sie ernsthaft bereuen und IHN um Vergebung bitten. Das ist die frohe christliche Botschaft, die glückselige Botschaft der Osternacht: In Jesus sind wir gerettet.

Manchmal bleibt uns die Vergebung von anderen Menschen verwehrt. Das ist natürlich bitter.

Jesus sagt: »Wer ohne Sünde ist, werfe den ersten Stein.« Das sollten wir uns alle zu Herzen nehmen. Wir dürfen nie vergessen: Unsere Würde ist nicht von der Meinung anderer abhängig. Gott allein sieht unser Herz. Wir werden mit Vergebung beschenkt. Wir werden in die Arme Gottes genommen und bleiben immer, immer sein wundervolles Kind.

Königskind

Du bist ein Königskind.
Wertvoll und geliebt.
Auch wenn Du es manchmal vergisst.
Auch wenn andere es vergessen
und nicht liebevoll mit Dir umgegangen sind.

Doch das macht ein Königskind aus:
Es liebt trotzdem und versucht zu vergeben.
Nicht aus eigener Kraft,
dazu ist es manchmal zu schwach,
aber aus der Kraft des Königs,
aus der Kraft Seines Herzens,
der Euch alle liebt.

Ich bin, weil ich würdig bin

Eva-Maria Popp

»Wer hat uns in unserem Leben schon mal gewürdigt? Wann haben wir uns wertgeschätzt gefühlt?« Mit diesen beiden sehr wichtigen Lebensfragen führt uns Schwester Teresa auf uns selbst zurück.

Es lohnt sich über diese Fragen, aber auch über die Würde an und für sich nachzudenken. Sicherlich werden Sie eine Weile brauchen und sich nicht gleich an alle Menschen erinnern, von denen Sie in Ihrem Leben schon einmal wertgeschätzt wurden und die Sie gewürdigt haben. Nach und nach fallen sie uns ein, die guten Seelen um uns herum, die uns durch Worte und Taten Ehre erwiesen haben und uns in einem bestimmten Moment besonders feinfühlig Respekt und Achtung entgegengebracht haben.

Wenn ich mir selbst diese Frage stelle, dann sticht eine Krankenschwester hervor, die mir in meinen schlimmsten Schmerzen durch eine kleine, sehr liebevolle Berührung meines Armes gezeigt hat, dass sie mitfühlt. Sie hat mir meine Würde zurückgegeben, wo der Schmerz mir meine Würde genommen hat.

Mit der eigenen Würde fängt alles an

Natürlich gibt es viele Menschen im Laufe eines Lebens, die uns wertschätzen und uns die Ehre erweisen. Doch habe ich gelernt, dass die Würdigungen, die wir im Außen erhalten, nie genug sein werden, wenn ich selbst mir nicht die Würde gebe, mich nicht würdig fühle und mir nicht die Ehre gebe. Es ist unglaublich wichtig, dass wir bei uns und mit uns selbst beginnen. Wer seine Würde fest in seiner Seele verankert weiß, der kann sie NIE verlieren. Auch nicht beim Versuch der schlimmsten Entwürdigung durch Folter oder Verbrechen.

Vor kurzem hat mich eine Vortragsreise nach Berlin geführt. Mein Hotel lag in der Stauffenbergstraße, exakt gegenüber der Gedenkstätte des Deutschen Widerstands. Da diese gerade umgebaut wird, hat man den Bauzaun mit großen, farbigen Bildtafeln der Widerstandskämpfer geschmückt. Jeden Tag beim Frühstück, aber auch beim Hinaustreten aus dem Hotel bin ich den Abbildern so bedeutender Menschen wie Sophie Scholl, Graf Schenk von Stauffenberg und Pater Rupert Mayer begegnet. Ich habe mir Gedanken gemacht, was sie wohl empfunden haben angesichts des Todes. Ich glaube, sie haben sich selbst die letzte Würde erwiesen und sind ohne ein erkennbares Zeichen von Angst vor den Henker getreten, um damit die Täter zu entwürdigen.

Würde im Alltag leben

»Die Würde des Menschen ist unantastbar«, steht in unserem Grundgesetz. Und trotzdem werden jeden Tag tausende von Verstößen gegen diesen Artikel begangen - von jedem von uns.

Ist es würdig, wenn der Lehrer auf die Schülerin einschimpft, wie dumm sie sich anstelle?

Ist es würdig, wenn der Ehemann die Ehefrau anschreit, sie solle das doch lassen – oder umgekehrt, die Ehefrau den Ehemann?

Ist es würdig, wenn Mitschüler ihren Klassenkameraden mobben?

Ist es würdig, wenn man im Internet über Politiker oder andere Würdenträger herzieht?

Beleidigen, erniedrigen, demütigen, entmutigen, beschimpfen ... ja, wir tun es viele Male in unserem Leben. Es beginnt im Kleinen und endet manchmal im großen Stil. Das darf und kann nicht sein. Deshalb müssen wir uns immer wieder an der eigenen Nase packen und in uns gehen, wie es mit unserem Verhalten anderen gegenüber steht.

Aber auch zu unserem eigenen Schutz müssen wir uns mit unserer eigenen Würde beschäftigen. Wer gefestigt und selbstbewusst ist, kann seiner Würde nicht beraubt werden.

Es ist wichtig, dass man sich selbst die Ehre gibt, dass man sich selbst lobt und sich belohnt, wenn etwas gut gelaufen ist. Natürlich dürfen und sollen wir uns freuen, wenn andere Menschen uns die Ehre erweisen, doch wir sollten nicht darauf angewiesen sein, dass andere uns loben und ehren. Dieses Wissen ist unglaublich beruhigend und schenkt uns die Sicherheit, dass wir NIE zum Opfer werden, weil wir es nicht zulassen.

Ein Mensch, der sich seiner eigenen Würde bewusst ist, wird auch andere Menschen nicht würdelos behandeln. Er muss nicht andere Menschen erniedrigen, um sich selbst als wertvoll und bedeutsam zu erleben. Darum ist es auch so wichtig, dass wir Kindern von klein auf vermitteln, wie wertvoll sie sind: Ein Kind, das das erlebt hat, wird auch anderen Kindern mit Achtung und Respekt begegnen.

Kapitel 4: Würde

Die Würde des Menschen ist unantastbar.
MEINE Würde ist unantastbar.

Ich wünsche Ihnen ein würdevolles Leben voller schöner Momente.

Kapitel 5:

Vertrauen

Vertrauen verloren – mit neuem Glauben beschenkt

Schwester Teresa Zukic

Wie einfach ist es, an Gott zu glauben, wenn wir gesund sind. Wenn genügend Geld auf dem Konto ist. Der Kühlschrank voll. Der Arbeitsplatz gesichert und die Arbeit Freude macht. Die Kinder gut in der Schule sind. Das Haus abbezahlt. Der Traumurlaub finanziert. Alle lieb zu einem sind und man auch noch Geld vom Steuerbescheid zurückbekommt. Der Pfarrer sagenhaft predigt. Kein Krieg, keine Energiekrise, keine Pandemie mehr. Dann ist es himmlisch einfach, an einen Gott zu glauben, der es immer gut mit uns meint.

Doch dann erhalten wir eine schlimme Diagnose. Das Geld ist plötzlich knapp. Der Chef unausstehlich. Der Stress zu heftig. Neider machen einem das Leben schwer. Man versteht den ausländischen Priester nicht, wenn er predigt. Immer neue Missbrauchsfälle durch Priester kommen ans Tageslicht. Der Krieg in der Ukraine will nicht enden, das Wasser steht einem bis zum Hals. Wie im Ahrtal wird einem durch eine Katastrophe alles genommen, was einem lieb und teuer war, und noch immer ist keine Unterstützung in Sicht. Angst kriecht in die Seele. Wir sind gereizt, überfordert, sinnlos zerstritten. Das Gebet kraftlos, die Seele wortlos. Wir fühlen uns ohnmächtig, verraten, vom Schicksal gebeutelt, von Gott verlassen. In diesen Stunden der Dunkelheit, der Angst, der Schwachheit greifen wir nach jedem Strohhalm. Wie damit umgehen, wenn der Glaube ins Wanken kommt? Darf man als Christ überhaupt zweifeln?

Schluss mit den verstaubten Bildern von Gott

Zweifel bringen nicht nur unser Denken durcheinander, sie haben Auswirkungen auf unser Verhalten. Wer anfängt zu zweifeln, ob Gott überhaupt seine Gebete ernst nimmt, der wird nur halbherzig und ohne große Erwartung beten.

Vielleicht machen wir uns nur eine falsche Vorstellung von Gott. Wir erhöhen doch meistens erst dann unser Gebetspensum, wenn es Probleme und Schwierigkeiten gibt. Wenn wir Kummer oder Sorgen haben. Kommen wir nicht meistens zu Gott, weil wir etwas von ihm brauchen? Das ist schon in menschlichen Beziehungen problematisch: Was ist das für eine Freundin, die nur zu uns kommt, wenn sie etwas von uns braucht? Das ist keine echte Freundschaft. Wenn's brennt, soll Gott sofort eingreifen, aber ansonsten soll er sich raushalten aus unserem Leben. Wir wollen selbstbestimmt und frei sein. Gott möchte aber mit uns in Beziehung leben. Er spricht uns selbst an:

»Schau dich an, du kostbares, geliebtes Kind! Du bist so wertvoll und das Kostbarste für mich. Habe ich dich nicht wundervoll geschaffen? Ich möchte in dir alle Wunden heilen, alle Selbstzweifel, alle Schmerzen und die Folgen der kleinen und großen Sünden deines Lebens. Ich will, dass du spürst, wie befreiend der Balsam meiner Vergebung ist, wenn du dich mir anvertraust. Ich will dich befreien von der Angst nicht gut genug zu sein. Ich will ein Teil von dir sein. Ich will in deinem Herz sein. Ich möchte mit dir zusammen herausfinden, was dich glücklich macht, aber vor allem, was dich unglücklich gemacht hat. Ich will mit dir das Bild, das du dir von mir gemacht hast, überprüfen. Vielleicht können wir es Stück für Stück verändern. Du lernst mich anders kennen, weil ich mich dir anders zeigen kann. Hol mich vom Sockel des Unerreichbaren oder ›Kontrolleurs‹ herunter oder befreie mich aus der Schublade ›trotteliger Greis, der nicht mehr *up to date* ist‹. Welch verzerrtes Bild du von mir hast! Ich bin weder ein allmächtiger Polizist noch ein automatischer Wunscherfüller. Ich bin mehr als ein Verschönerer deiner Hochzeit und deiner Familienfeiern oder der Feuerwehrmann, der springt, wenn es brennt. Ich bin auch nicht der Kuschelfreund, der dir keine Probleme bereitet und alle in den Himmel durchwinkt, oder ›irgendein höheres Wesen‹, das großzügig geduldet wird. Ich bin auch nicht der ewig Unzufriedene, die Spaßbremse, die Lebensversicherung, Hauptsache getauft. Willst du mit mir nicht herausfinden, wer ich wirklich bin? Du wirst staunen, wie viel größer und reicher dein Leben wird, wenn du mich frei lässt aus den gemachten Bildern deiner Kindheit, deinen Schmerzen, deinen Verletzungen, deiner Wut, deinen Wunden. Traue dich, deine festgefahrenen Gottesbilder über Bord zu werfen.«

Kapitel 5: Vertrauen

Freunde im Himmel und Freunde auf der Erde

Wenn ich die Beziehung mit Gott in meinem Leben an die erste Stelle setze, das Vertrauen, den Glauben an ihn, können diese Wunder passieren, dass wir Antworten bekommen, dass Zufälle passieren, dass plötzlich der überraschende Einfall, die helfende Hand, das ermutigende Eingreifen von oben geschehen. Manchmal von Engeln ohne Flügel.

»Bittet, um was ihr wollt!«, ermutigt uns Jesus. Wir dürfen uns an Gott selbst wenden, an Jesus, den Heiligen Geist. Natürlich. Aber wir haben Freunde im Himmel, Heilige, die uns das Vertrauen vorgelebt haben. »Es sind Zeugen, die wir natürlich nicht anbeten – wir beten diese Heiligen wohlverstanden nicht an! –, aber die wir verehren und die uns in tausendfacher Weise an Jesus Christus, den einen Herrn und Mittler zwischen Gott und Mensch, erinnern«, sagte Papst Franziskus. »Ein Heiliger, der dich nicht auf Jesus Christus verweist, ist kein Heiliger.«

Wenn ich, Schwester Teresa, Sorgen und Probleme habe, wende ich mich an meinen Gebetskreis, der entstanden ist, als ich an Krebs erkrankte. Sie beteten damals jeden Tag für mich. Und tun es auch noch heute. Auch tausende meiner Follower in den sozialen Medien nahmen Anteil an meinem Schicksal und beteten. »Wo zwei oder drei in meinem Namen versammelt sind, bin ich mitten unter ihnen«, sagt Jesus in Matthäus 18,2. Gott sei Dank habe ich so viele großartige Freunde in meinem Leben. Diese Kraft der betenden Gemeinschaft macht stark.

Aber ich wende mich auch an meine himmlischen Freunde. Der Hl. Antonius half mir nicht nur einmal den verlegten Autoschlüssel oder Pass zu finden. Da muss ich den lieben Gott nicht belästigen.

Ein kleines Hotel und große Schulden

Faszinierend war für mich, als ich im Herbst 2022 in Reschen in Südtirol eingeladen war. Wir wurden in einem kleinen, wundervollen Hotel mit restaurierten Zimmern untergebracht. Modernste Zimmer, gemütliches Ambiente. Wenn man zur Türe hineinkommt, steht dort eine Statue vom Hl. Josef. Ihn liebe ich auch. Unsere Gemeinde hier, wo wir wohnen, gehört zur Josefskirche.

Als wir beim Mittagessen in dem hübschen Restaurant waren, fragte ich die Besitzerin Petra, was es mit dem Hl. Josef am Eingang auf sich hat. Ihre Augen fingen an zu funkeln und sie war bereit, mir ihre abenteuerliche Geschichte von ihrem Hotel und dem Hl. Josef zu erzählen. Ganz ehrlich. Am Ende hatte ich Gänsehaut am ganzen Körper. Sie erzählte, dass sie zehn Kinder gewesen sind und ihr Vater das einfache Hotel erbaut hatte. Es war aber sehr verschuldet, als er starb. Niemand der Geschwister wollte das Hotel übernehmen. Da beschloss Petra, es zusammen mit ihrem Mann zu wagen, der ein begnadeter Koch war. Bald kamen die Gäste, und das Haus war voll. Allerdings war es sehr altmodisch und weit entfernt vom modernen Standard, der inzwischen üblich war. Die Duschen waren noch auf dem Flur. Die Gäste kamen trotzdem, weil das Essen so hervorragend war. Die Schulden konnten Petra und ihr Mann allerdings noch immer nicht abbezahlen. Es waren zu wenig Zimmer. Sie ließen einen Spezialisten kommen, der ihnen klarmachte, dass niemand mehr in »solchen alten Zimmern« Urlaub machen möchte. Sie sollten dringend umbauen. Also nahmen sie sich ein Herz und fingen an, die Banken um einen Kredit zu bitten. Doch keine Bank wollte ihnen einen Kredit geben.

Kapitel 5: Vertrauen

Ein Esel ohne Schwanz und neue Hoffnung

Petra beschloss, eine Wallfahrt nach Međugorje in Bosnien und Herzegowina zu machen, um bei der Mutter Gottes um Hilfe zu bitten. Sie bestieg mühselig und betend den Erscheinungsberg und als sie wieder nach unten kam, standen ein alter Priester und ein paar Menschen herum und unterhielten sich aufgeregt. Sie hörte, wie der Priester erzählte, dass im Nachbardorf eine einfache Familie dringend einen Esel benötigt hatte. Sie hatten ein Bild von einem Esel gemalt und es unter die Statue des Hl. Josefs gelegt. Am nächsten Tag war ihnen ein Esel zugelaufen. Was für ein Wunder! Das Kuriose war jedoch: Der Esel hatte keinen richtigen Schwanz, nur einen Stummel und auch der Esel auf dem gemalten Bild hatte keinen Schwanz gehabt. Den hatten sie wohl zu malen vergessen. Petra hörte das und war außer sich. »So ein Blödsinn«, dachte sie sich.

Wieder zu Hause fand sie auf dem Dachboden allerdings eine Statue des Hl. Josef. Da beschloss sie, ihre Bauentwürfe unter ihn zu legen. »Erstens weiß es ja keiner und zweitens werde ich es auch niemandem verraten«, sagte sich Petra. Allerdings geschah nichts. Ein Priester erklärte ihr, sie müsse schon eine Novene zum Hl. Josef beten, was sie mit ihrer Mutter tat – auch davon erfuhr niemand. Leider passierte immer noch nichts. Ihre Schwester überredete sie mit nach Bozen zu kommen, wo in der Sparkasse ein Vortrag über die Finanzierung neuer Projekte stattfinden sollte. Sie wollte erst nicht, hatte sie doch schon alles versucht. Aber sie ging mit und musste sich von dem Redner anhören: »Wer viel Geld hat, macht viel Geld!« – »Na klasse, bin ich umsonst gekommen.« Sie war am Boden zerstört. Auch ihre Schwester war betrübt, wagte es aber, den Direktor anzusprechen und ihn zu ihrer Schwester zu holen. Widerwillig erzählte sie ihr Anliegen von einem Kredit. »Wieso bekommen wir keine Chance? Wir sind eine Großfamilie, haben einen großartigen Koch und niemand will uns eine Chance geben.« Der Direktor erinnerte sich an ihr Gesuch und meinte: »Stimmt, ich hatte auch abgesagt. Schicken Sie mir nochmal Ihre Pläne, ich will sie prüfen.« – »Ach was«, dachte Petra, »das habe ich schon so oft gehört.« Trotzdem schickte sie ihm ihre Pläne erneut zu.

Am 19. März, am Fest des Hl. Josef, klingelte plötzlich das Telefon. Die Bank war dran und teilte mit, dass sie den Kredit bewilligt. Wow. Das war ja wunderbar! Aber das eigentliche Wunder kam noch. Sehr schnell wurde das alte Hotel abgerissen und das neue gebaut. Die Zimmerer und Bauleute, manche aus Italien, machten sich ans Werk. Petra teilte ihnen von Anfang an mit: »In unserem Haus wird nicht geflucht. Es ist dem Hl. Josef und der Mutter Gottes geweiht.« Die Bauleute grinsten erst.

In null Komma nichts war das Hotel fertig. Nur eines bedauerte Petra: Sie hätte so gerne eine Kapelle für den Hl. Josef gebaut, aber das Geld langte nicht. Als der Tag der Einweihung kam, war es ein wunderschönes Fest. Plötzlich entdeckte sie einen Umschlag auf dem Gabentisch. Sie öffnete ihn und las: »Gutschein für den Bau einer Kapelle«. Wer hatte unterschrieben? Die Bauleute und Zimmerer!

Wunder sind überall

Wunder geschehen, wenn wir an Wunder glauben. Natürlich kann unser Vertrauen erschüttert werden. Wir sind Menschen und nicht anders als die Jünger zur Zeit Jesu.

Kapitel 5: Vertrauen

Als Petrus über das Wasser gehen sollte, sah er nicht mehr auf Jesus, sondern die bedrohlichen Wellen unter ihm und er begann unterzugehen. Jesus rettete ihn und sagte: »Du hast zu wenig Vertrauen! Warum hast du gezweifelt?«

Ja warum eigentlich? Weil wir unseren Blick abwenden von IHM, statt in Seine Richtung zu schauen, und nur noch auf die Sorgen und Ängste nach unten blicken.

Es sind oft die finstersten Stunden, die bedrohlichen und stürmischen Momente unseres Lebens, in denen Gott uns ansprechen will. Denn oft bekommt er nur in solchen Extremsituationen unsere ganze Aufmerksamkeit. Und wenn er erst einmal unsere Aufmerksamkeit hat – und wir erkennen, dass es Gott ist, der uns anspricht–, dann sind wir auch eher bereit, uns auf das einzulassen, was er uns zeigen will. Wage Vertrauen und du bekommst mehr Glauben. Wage Glauben und du wirst seine Wunder sehen. Sie sind überall. Jeden Tag. Manchmal so klein, dass wir sie übersehen.

Lass dich beschenken mit dem Glauben an die pure Liebe. Sie ist da. Sie wartet auf dich.

Lass mich an Wunder glauben

Wie wunderbar ist es, Herr,
von Deinen Wundern zu hören.
DU greifst auch heute ein.
Lass mich tiefer glauben.
Heile mein verlorenes Vertrauen.
Beschenke mich mit
unerschütterlichem Glauben.
DU kannst es.
Jetzt.
In diesem Augenblick.
Ich bin bereit.

Vom Wunder des Wunderns

Eva-Maria Popp

»Wunder geschehen, wenn wir an Wunder glauben«, schreibt Schwester Teresa in diesem Kapitel. Damit setzt sie in meinem Gedächtnis eine ganze Denkblase an Sprüchen frei, die ich im Laufe meines 65-jährigen Lebens gehört und zum Großteil auch verinnerlicht habe. Hier eine kleine Auswahl: »Wunder gibt es immer wieder«, singt Katja Ebstein in ihrem berühmten Lied. »Nicht ärgern, nur wundern«, sagen wir, wenn wir das böswillige Verhalten unserer Mitmenschen nicht begreifen können oder begreifen wollen. Es ist eben ein negatives Wunder, dass Menschen sich so schlecht verhalten können.

»Glauben heißt nichts wissen«, ist unser kommunikatives Totschlagargument, wenn wir eine Tatsache oder einen Umstand kleinreden wollen oder sogar negieren möchten. Nur was mit wissenschaftlichen Fakten, Zahlen, Paragrafen, Naturgesetzen oder mit Studien belegt ist, hat ein Recht darauf als wahr bezeichnet zu werden. Das wiederum dient uns als vermeintlich einzig zulässige Quelle, aus der konsequenterweise unser Fühlen, Denken und Handeln gespeist wird. »Fakten, Fakten, Fakten« – Mit diesem berühmten Zitat hat sich der ehemalige Focus-Herausgeber Helmut Markwort einen Namen gemacht. Aber auch Wörter und Begriffe wie »wunderbar«, »wundervoll«, »Wunderkind«, »Wundertüte« fallen mir ein, wenn es um Wunder geht.

Fakt ist – ein Wunder ist immer außergewöhnlich, nicht greifbar und nicht einzuordnen in die Denkkategorien, in denen wir normalerweise denken und handeln. Wir können es nicht anfassen, nicht begreifen, nicht einordnen, nicht zuordnen. Es läuft sozusagen außer Konkurrenz des belegbaren Faktenwissens.

Diese Unbegreiflichkeit macht vielen Menschen Angst. Warum ist das so? Weil wir modernen Menschen gerne alles im Griff haben und wissenschaftshörig sind. Das ist in vielen Bereichen auch durchaus sinnvoll, doch die Seele läuft außerhalb dieser wissenschaftlichen Bahnen und das sollten wir berücksichtigen. Sie wird definitiv nicht von Fakten genährt. Deshalb hat die Seele in unserer faktenbasierten Welt immer Hunger nach Seelennahrung.

»Es gibt für alles eine Erklärung«, lautet ein gängiger Spruch aus meiner oben erwähnten »Mottenkiste der Wundersprüche«. Da steh' ich nun. Fassungslos und mit widerstreitenden Glaubenssätzen aus meinem bisherigen Leben beschäftigt. Die einen sagen mir deutlich, dass es Wunder gibt. Die anderen kommen mir mit ihren wissenschaftlichen Studien um die Ecke, die angeblich alles beweisen können, auch dass es die Dinge nicht geben kann (und darf), an die ich doch so gerne glauben möchte. Was nun?

Verunsichert und ängstlich schaue ich mich um in meinem Leben. Ich schaue zurück auf meine Erfahrungen und auf das, was ich schon erlebt habe in meinem Leben. Das ist eine gute Idee. Ich finde für mich genügend Beweise – *meine persönlichen Beweise* –, dass es Wunder in meinem bisherigen Leben gegeben hat. Das macht mich froh, denn sie lassen mich daran glauben, dass Wunder auch weiterhin geschehen werden. Diese persönliche Freiheit, Wunder zuzulassen, ist die wichtigste Voraussetzung sie zu erleben.

Kapitel 5: Vertrauen

Ich sage Ihnen, liebe Leserinnen und Leser, es gibt so viele kleine und große Wunder auf dieser Welt. Allerdings nur für Menschen, die ihre Augen dafür öffnen. Deshalb sollten wir lernen, sie zu entdecken und zu erkennen. Dafür braucht man ein geschultes, offenes und wunderndes Auge. Dann treten die Wunder in unser Leben und sind eine unglaubliche Quelle an Lebensfreude, Zuversicht und Trost in schweren Stunden.

Die DNA unserer Seele

Lassen Sie mich einen Exkurs in die Entwicklungspsychologie machen. Kinder im Alter zwischen drei und fünf Jahren befinden sich im sogenannten magischen Alter. Sie haben einen einfachen Zugang zu den Wundern, der aus ihnen selbst kommt.

Ein Beispiel: Meine Enkelin Paula ist fünf Jahre alt und ein richtiger Wildfang. Für sie hat die Welt keine Grenzen. Alles ist möglich. Sie stößt sich am Stuhlbein und holt sich eine schmerzhafte Beule. Statt sich über sich selbst zu ärgern, dass sie unachtsam war und sich gestoßen hat, schimpft sie wie ein Rohrspatz mit dem Stuhlbein: »Du hast mir wehgetan. Das darfst du nie wieder tun, du blödes Stuhlbein.«

Für Kinder in dieser Altersgruppe haben die Gegenstände eine Seele, mit der man reden kann wie mit Menschen auch. Dieses »magische Denken«, das die Kinder im »magischen Alter« beherrschen, ist die Ursache für ihre große Liebe zu den Märchen. Die Welt der Märchen ist voller Wunder. *Alles ist möglich!* Dieses Wunderdenken unterstützt die Kinder dabei ihre diversen Urängste zu bewältigen, von denen sie oft geplagt werden.

Was für die kindliche Welt gilt, ist partiell auch für unsere Erwachsenenwelt gültig. Schauen wir uns die Sagenwelt und die Mythen an, auf denen unsere Menschheitsgeschichte basiert. Die Menschen in früheren Zeiten konnten sich vieles nicht erklären, weil sie die Naturgesetze zwar gespürt haben, sich diese jedoch nicht erklären konnten. Daraus haben sich die Mythen und Sagen entwickelt, die wir noch heute gerne lesen und hören. Von den griechischen Sagen der Antike bis zu den Nibelungen ist unsere Geschichte voller Wunder.

Das Geschichtenerzählen und der Glaube an Wunder gehören in allen Kulturen und allen Religionen zum festen Bestandteil der »geistigen und seelischen DNA«. Sie nehmen unsere Ängste und Nöte auf und geben uns die Gelegenheit diese zu verarbeiten. Das ist für mich Beweis genug, dass es Wunder gibt und dass sie uns zur Verfügung stehen und uns in unseren Nöten unterstützen, wenn wir sie zulassen.

Öffne deine Augen und dein Herz

Doch das ist der springende und alles entscheidende Punkt: Das Wunder kommt nicht einfach so um die Ecke, während du die Hände in den Schoß legst und darauf wartest. Wir müssen schon die Weichen in unsere Richtung stellen, damit der Wunderzug zu uns fährt. Unsere persönlichen Wunder geschehen nur, wenn wir auch dafür offen sind und sie zulassen.

Wir müssen den Wundern vertrauen – uns trauen sie zu empfangen – bereit sein dafür. Wenn wir das verinnerlicht haben, dann wird unser Leben voller Wunder sein. Sie werden uns in Zeiten der Angst und Not Erleichterung bringen. Sie werden uns die glücklichen Zeiten in unserem Leben noch glücklicher machen. Sie werden uns helfen, in uns eine sprudelnde Quelle des Trosts zu generieren, aus der sich unsere Mitmenschen in Not speisen können. Wir werden die richtigen Worte des Trostes für unser Umfeld finden. Ich liebe meine kleinen und großen Wunder, die zahlreich in mein Leben treten, seit ich es ihnen erlaube.

Eine schwere OP und eine wundervolle Kraftquelle

Ein persönliches Wunder will ich Ihnen erzählen: Ich hatte vor einigen Jahren mehrere schwere Operationen an meinem Vorderfuß zu überstehen und war sehr ängstlich vor der Narkose, aber auch vor den Schmerzen danach.

In der Nacht vor der ersten Operation bin ich lange wach gelegen und habe mir Folgendes überlegt: Wie ich schon mehrfach in diesem Buch erwähnt habe, bin ich gesegnet durch liebevolle Eltern. Besonders meine Mutter war eine Frau, die vielen Menschen geholfen hat. Sie war und ist meine Quelle der Liebe und Zuversicht. Zur Zeit meiner Operation war sie schon ein paar Jahre tot. Doch ihre Zuversicht und ihre positive Einstellung zum Leben sind in mir fest verankert.

Ich habe in dieser von Angst geprägten Nacht über die bevorstehende Narkose nachgedacht und darüber philosophiert, in welchem Bewusstseinszustand sich das menschliche Gehirn und die menschliche Seele befinden mögen, wenn sie unter dem Einfluss der Narkose stehen. Am Schluss meiner nächtlichen Denksession stand meine persönliche Erkenntnis, dass ein Mensch in tiefer Narkose an einem Fluss, der Scheide zwischen Leben und Tod, steht. Ich habe mir den buddhistischen Begriff des Nirwana dafür zurechtgelegt. Dann wäre es ja ein Leichtes, mich an diesem Fluss zwischen Leben und Tod mit meiner Mutter zu treffen.

Vielleicht halten Sie diesen Gedanken für skurril, surreal oder sogar verwerflich. Darf man das denken? Ja! Mir hat diese Vorstellung jedoch sehr geholfen. Ich habe mich darauf gefreut, meine ganze Aufregung war verflogen. Ich konnte es gar nicht mehr erwarten, bis ich endlich die Narkose bekommen würde.

Die Operation ist gut verlaufen. Als ich aus der Narkose aufwachte, hatte ich das gute Gefühl eines Wiedersehens mit meiner geliebten Mutter. Ich war ein wenig enttäuscht, weil ich mich nicht daran erinnern konnte. Aber das macht nichts. Genau dort liegt die Magie des Wunders, die du nur empfangen kannst, wenn du glaubst, statt auf das Wissen zu pochen. Im Glauben an das Wunder liegt eine große Freiheit des Denkens, die deinen Geist und deine Seele beflügelt und dich mit den Gedanken an das Mögliche und das Gute nährt.

Achtsamkeit für die kleinen Wunder

Und noch ein kleiner Exkurs in meine persönliche Wunderwelt: Es vergeht kein Tag in meinem Leben, an dem ich mich nicht an meiner Umwelt erfreue. Die Löwenzahnblüte, die sich durch den trüben Asphalt bohrt, ist doch ein großes Wunder der Natur. Aber auch der Apfelbaum, der in voller Blüte meinen morgendlichen Blick aus dem Fenster bereichert. Die vielen Vogelstimmen in meinem Garten und die imposante Bergwelt, auf die ich im Urlaub blicken darf. All das sind große Wunder, die wir bewusst anschauen können, um eine große Freude daraus zu empfangen. Wir können aber auch achtlos daran vorbeigehen und die Freude links liegen lassen. - Es ist unsere Entscheidung.

Ich habe meine Entscheidung schon lange getroffen. Sie liegt eindeutig in der Kraft des Wunders und des Wunderns.

Nun wünsche ich allen Leserinnen und Lesern viel Freude beim Wundern!

Kapitel 6:
Beziehungen

Beziehung zerbrochen – neue Selbstachtung gewonnen

Schwester Teresa Zukic

Wenn eine Beziehung zerbricht, so ist der Schmerz groß. Wir stehen vor den Scherben unserer Liebesbeziehung. Die gemeinsame glückliche Zukunft, von der wir beide einmal geträumt hatten, wird es nicht geben. Unser Traum ist zerplatzt.

Trennungsschmerz kann sich anfühlen wie ein »Infarkt der Seele«: Bei einem Herzinfarkt wird ein Teil des Herzens plötzlich nicht mehr ausreichend mit Sauerstoff versorgt. Dadurch kann es zu dauerhaften Schäden am Herzmuskelgewebe kommen. Bei einem »Infarkt der Seele« wird die Seele nicht mehr mit Liebe versorgt.

Es schmerzt: Vor allem, wenn es unerwartet passiert, man verlassen wird, ohne das Ende der Beziehung selbst gewollt zu haben. Wenn der geliebte Mensch dir völlig unvorbereitet erklärt, dass er dich verlässt, die Beziehung gescheitert ist oder es keine gemeinsame Zukunft mehr gibt. Von jetzt auf gleich scheint alles nicht mehr wahr zu sein. Jahrzehnte des gemeinsamen Lebensweges werden abrupt beendet. Das Herz fühlt sich an wie zerrissen, es wird darauf herumgetrampelt und plötzlich ist die gemeinsame Zeit nichts mehr wert. Alle Worte, alle Taten, alle Liebe, alles scheint wertlos zu sein. Du suchst nach Antworten und bekommst keine, du suchst den Sinn, fühlst dich nur noch wertlos weggeworfen. Noch schlimmer, wenn es ohne eine Vorwarnung geschieht. Wie unbarmherzig, wenn der andere nicht bereit ist, zu reden, weder Hilfe oder Beratung annimmt und den anderen mit Vorwürfen zurücklässt. Die Liebe endet. Der andere hat den Schlussstrich gezogen. Wer verlassen wird, leidet. Er begreift die Welt nicht mehr.

Wenn der Kummer das Herz bricht

Studien haben gezeigt, dass eine Trennung sogar körperlich krank machen kann. Mediziner nennen es das »Broken-Heart-Syndrom«, also ein Krankheitsbild des gebrochenen Herzens. Das Herz verkrampft sich wie bei einem Herzinfarkt. Frauen leiden wesentlich häufiger daran als Männer: 90 Prozent der Erkrankten sind weiblich. Eine Welt bricht zusammen. Der Stress, der durch die Trennungsphase freigesetzt wird, ist so unvorstellbar groß: Sie leben in einem Zustand der Ohnmacht, müssen aber äußerlich funktionieren. Sie lächeln, aber die Seele weint. Es ist gut, wenn sie weinen können, denn Tränen sind eine unmittelbare Reaktion des Körpers auf den gewaltigen Stress. Man kann sich den Fuß brechen oder das Herz. Es gibt verletzte Knie oder verletzte Gefühle. Die gute Nachricht ist: Ein verletztes Knie kann genauso heilen wie ein gebrochenes Herz. Die meisten Patientinnen haben bereits wenige Wochen später keine körperlichen Symptome mehr. Was dann noch bleibt, ist der seelische Schmerz.

Jede Erinnerung tut weh

Verlassen werden ist eine extreme Kränkung. Das Selbstwertgefühl ist im Keller, er verschwindet im Schmerz und kommt aus Schuldgefühlen nicht mehr heraus. Selbstvorwürfe reiben die Seele wund: »Was hätte ich anders machen sollen, was sagen, was tun, was vermeiden?« Die Gedankenspirale endet nicht, immer wieder hörst du die ausgesprochenen Sätze, hörst, was der andere kritisiert oder in der Beziehung vermisst hat. Nichts, was du nun noch sagst oder tust, scheint irgendetwas daran zu ändern. Es ist zu spät, die Zeit kann nicht zurückgespult werden, nichts lässt sich besser machen oder in Ordnung bringen. Manchmal ist es wegen eines anderen Menschen, der auf einmal aufregender ist. Im Nachhinein geht dem Verlassenen so viel auf, wie oft der Partner weg war und anders seine Freizeit verbracht hat. Im Nachhinein nimmt man wahr, was man nicht bemerkt hat oder sich eingestehen wollte.

Du empfindest Wut und Ohnmacht, fühlst dich betrogen und hintergangen, ungerecht beurteilt und verurteilt. Und gerade jetzt, wenn der Selbstzweifel dich aufzufressen droht, reibt sich einer die Hände und freut sich daran. Er ist der Vater der Lüge, der Zwietracht, er hat es wieder geschafft, Beziehungen zu zerstören und das Schlimmste an Hass und Wut freizusetzen oder in die Herzen zu säen. Und seine Waffe ist die permanente Erinnerung an das Gesagte und die Ablehnung. Die Versöhnung und Verzeihung scheinen noch meilenweit entfernt zu sein. Vielleicht ist auch der andere (noch) nicht dazu bereit. Doch es gehören immer zwei zu einer Kränkung: der, der kränkt, und der, der es dem andern erlaubt. Ihm Macht gibt.

Nimm dir die Zeit, die du brauchst

Ich hoffe, du hast liebende Freunde, die dich in deinem Trennungsschmerz auffangen. Die brauchst du nämlich jetzt ganz dringend. Rede alles von deiner Seele. Das hilft. Du darfst vor Gott und ihnen so sein, wie du dich jetzt fühlst: weinerlich, wütend, böse, allein und gekränkt. Oft alles zusammen und ziemlich durcheinander.

Das ist so. Dafür brauchst du dich nicht zu schämen. Du wirst dich wiederholen, der Schmerz sucht ein Ventil, die Kränkung will immer wieder ausgesprochen sein.

Nimm dir die Zeit, die du brauchst, aber beginne dich wieder von Gott lieben zu lassen. Dein Selbstwertgefühl wieder zu stärken. Tue, was dir guttut. Schreibe, schreie, singe, bete. Wer verlassen worden ist, schaut sich oft immer wieder Fotos und Erinnerungen an die gemeinsame Zeit an und der Schmerz wird schlimmer und größer. Pack die gemeinsamen Fotoalben und Erinnerungsstücke in eine Kiste und verstaue sie ganz hinten im Keller oder auf dem Dachboden.

Du hast einen geliebten Menschen verloren. Ein Verlust, der unersetzbar ist. Natürlich darfst du in Selbstmitleid schwimmen. Alles hat seine Zeit. Du darfst das. Aber es wird auch der Tag kommen, an dem du damit aufhören wirst. Erinnerst du dich an meine Einleitung in diesem Buch? Wenn Gott etwas nimmt, gibt er was Besseres!

Vielleicht hat er dich ohne Aussprache sitzen lassen. Vielleicht wird er mit jemand anders weiterleben, vielleicht sogar fröhlicher und glücklicher sein als mit dir und du leidest weiter. Und plötzlich kommt der Augenblick, in dem du dir denkst: »Wie lange soll diese Trauer noch mein Leben bestimmen? Zehn Jahre? Bestimmt nicht!« Du merkst, es ist genug und du sagst dir: »Stopp. Halt. Genug geweint. Das ist es nicht mehr wert, und auch der Mensch, der mir das angetan hat, ist meine Tränen nicht mehr wert.«

Gott will dich trösten

Der allerbeste Zufluchtsort, der allerbeste Tröster nach einer zerbrochenen Beziehung, ist Gott. Denn dieser Gott liebt dich unvorstellbar. Du bist sein geliebtes Kind und bleibst es für immer und ewig. Er sagt nicht: »Du bist geliebt und wunderschön, *wenn* du das oder jenes tust, *solange* du nicht das oder jenes falsch machst, *falls* du dich nicht änderst.« Er liebt dich bedingungslos. Jetzt und hier. Gerade wenn du dich verletzt fühlst, Gott kommt und heilt dich. Einmal, zweimal, siebenmal siebenundsiebzig Mal, wenn es sein muss. Du musst Gott nur darum bitten. Wir können uns nicht selbst heilen, befreien, retten. Aber Seine Liebe kann es. Seine Liebe sieht und kennt uns, durch und durch. Wenn jemand nur noch das Schlechte in dir sieht, sieht er aus Verletzung und Wut, er kann dich im Moment nicht mit Liebe anschauen, aber das ist nicht die Wahrheit über dich!

Natürlich gehören immer zwei zu einer Trennung. Das weißt du selbst. Den eigenen Anteil zu erkennen, wenn eine Beziehung zu Ende geht, ist heilsam. Dies oder jenes hast auch du falsch gemacht, manches war nicht gut von dir, war verletzend oder unachtsam, aber dennoch bist du als Mensch nicht weniger liebenswert. Lass dir das von niemandem einreden. Für dich ganz persönlich hat Jesus Sein Leben hingegeben, weil du es IHM wert warst. Komm in Seine liebenden Arme, Seine Geborgenheit, Seine Nähe, Seinen Frieden, Seine Güte, Seine Barmherzigkeit. Gott hat alles so perfekt gemacht, weil Er perfekt ist.

Seine Liebe ist vollständig. Vollkommen. Wie tief wir auch fallen, wie sehr wir uns auch selbst zerstören, Seine Liebe ist in der Lage, uns zu erreichen und zu verwandeln.

Egal, wie weit wir vor Gott wegrennen, uns verstecken, Seine Liebe wird uns finden. Egal, wie unvollkommen oder schlecht wir uns fühlen oder tatsächlich sind, Seine Liebe will uns umarmen und zurückgewinnen. Er liebt dich so sehr, dass du Gott Seinen Sohn Jesus Christus wert warst. Am Kreuz opferte Gott nicht irgendetwas oder irgendjemanden, um diese Liebe wiederherzustellen. Er opferte Sein Fleisch und Blut. Für die ganze Menschheit. Für alles, was die liebende Beziehung, die innige Gemeinschaft mit Ihm trennt und zerstört.

Unser Zustand wurde Sein Zustand am Kreuz. Er setzte Seinen Sohn an deine und meine Stelle. Sein Sohn starb. Menschenverachtend, unmenschlich grausam in unerträglichen Schmerzen. Gott musste das aushalten. Gott hat es ausgehalten. Sein Sohn musste das ertragen. Er wollte es ertragen, damit der Liebe nie mehr etwas im Wege steht. Keine Sünde, keine Schuld, kein Versagen. Der Liebe zwischen dir und Gott. Auch wenn du Jesus nie darum gebeten hast. Auch wenn du das vielleicht nie gewollt hast. Auch wenn es dir bisher egal war. Du bedeutest Gott mehr als alle Reichtümer dieser Welt. Mehr als das Leben Seines Sohnes. Mehr als Sein eigenes Leben. Weißt du jetzt, wie kostbar du für Gott bist? Ich wünsche es dir so sehr.

Zeit für einen Neubeginn

Gott hat etwas vor mit dir. Versuche den anderen zu segnen. Überlass den andern Gott. Das fällt anfangs sehr schwer. Gott liebt es, wenn wir andere segnen und für sie beten. Aber am meisten liebt er die ehrlichen Gebete. Vielleicht klingt das anfangs auch so: »Segne diesen gemeinen bescheuerten Spinner oder diese fiese Zicke«. Das wird sich ändern.

Irgendwann wird der Schmerz vergehen. Du wirst ihn segnen und ihm wünschen, glücklich zu werden. Wirst ihn freigeben. Wirst ein reifer, weiser Mensch. Du wirst an all das Schöne eurer gemeinsamen Zeit denken, weil euch diese Erinnerungen niemand mehr nehmen kann. Sie bleiben ein Teil von eurer gemeinsamen Geschichte.

Befolgen wir den Rat des Paulus. »Prüft alles, behaltet das Gute.« Du wirst andere in gleichen Situationen und Schicksalen besser verstehen. Wirst eine gute Zuhörerin, kannst sanfte Tipps geben. Wirst unabhängig, frei und offen für das neue Abenteuer. Du hast neue Selbstachtung gewonnen. Du bist so großartig.

Tröste mich, Gott

Gott, ich schreie zu Dir.
Das ist nicht fair.
Nicht gerecht.
Das ist gemein und brutal.
Verlassen zu werden.
Weggeworfen.
Wertlos gesprochen.
Wie soll man weiterleben, Gott?
Der Schmerz will nicht enden.

Gott, ich flüchte zu Dir.
Du bist fair.
Gerecht.
Liebend und tröstend.
Du hilfst mir auf.
Sprichst mir meinen Wert zu.
Lass uns gemeinsam in Deiner Fülle leben.
Die Freude wird nicht mehr enden.

Endlich ich – sich selbst finden

Eva-Maria Popp

»Und plötzlich war alles wertlos.« Mit diesen Worten beschreibt Schwester Teresa das unsägliche Gefühl der Enttäuschung, wenn eine Beziehung zerbricht. Die Folge sind eine Menge Selbstzweifel, die eine Person überziehen, die »entliebt«, »entfreundet«, »entfernt« wurde. Ein Gefühlskosmos, der bisher aus zwei oder mehreren um sich kreisenden Wesen und zueinander in Beziehung stehenden »Planeten« bestand, wurde jäh durcheinandergewirbelt. Nichts ist mehr, wie es vorher war.

So schlimm und verletzend eine Trennung ist, die man selbst nicht gewollt hat, so wertvoll ist sie letztendlich für das große Ziel eines jeden Menschen – die Selbstfindung. Diese ist wiederum die Basis für eine selbstbestimmte Zukunft voller Zufriedenheit.

Wie kann Heilung gelingen?

Am besten beginne ich, indem ich den Wörtern auf den Grund gehe, die ich in diesem Text bisher verwendet habe. Warum ist das wichtig? Wenn wir lernen die Worte wörtlich zu nehmen, dann sind wir selbst unsere besten Psychologen und Heiler. Unsere Sprache trägt ein sehr tiefes Wissen der menschlichen Seele in sich. Wenn wir genau hinhören und die Worte und Wörter wortwörtlich nehmen – ohne ausschweifende und ablenkende Umschreibungen -, dann sind wir sehr schnell und direkt am Kern der Sache. Das hilft uns zu begreifen und zu verstehen. Vor allem die richtigen Konsequenzen zu ziehen.

Der erste Begriff ist die **Ent-Täuschung:** Enttäuschung bedeutet, dass der Deckmantel der Täuschung, alles, was bisher die Wahrheit überdeckt hat, ans Tageslicht kommt. Wir sagen auch die »nackte Wahrheit« dazu. Diese Wahrheit zu erkennen und zu begreifen, ist erstmal unglaublich hart und oftmals sehr schmerzlich. Sie zeigt jedoch, wo bislang die störenden Faktoren waren in einer Beziehung, in einer Freundschaft zwischen zwei Menschen oder auch in einer Gruppe. Aber auch in mir selbst. Ich vergleiche diesen Prozess gerne mit der Entzündung und anschließenden Heilung eines Abszesses. Durch eine Verletzung, meist sogar eine winzige Verletzung, die man nicht bemerkt, kommt es zu einer Verunreinigung unter der Haut. Schädliche Bakterien können durch die Verletzung unter die Haut gelangen. Achtung! Nicht die Verletzung alleine und nicht die Bakterien an sich führen zu einer Entzündung. Es müssen beide Faktoren zusammenkommen.

Und schon wieder haben wir ein Wort, das wir wörtlich nehmen können - die **Ent-Zündung**. Es geht um Zündstoff, um Ungereimtheiten in einer Beziehung, die aus einem kleinen Funken eine große Flamme machen, die die Beziehung letztendlich auffrisst. Und wieder wird deutlich, dass es zum einen der Funke ist, der sogenannte Zündstoff, aber auch das vorbereitete Material, auf das der Funke fällt. Eine heile und grundsolide Beziehung kann nicht durch einen Funken in Flammen aufgehen.

Zurück zum Abszess: Unter dem Deckmantel der Hautschicht entwickelt sich lange Zeit unbemerkt Eiter. Die Eitermenge und der Entzündungsgrad werden im Laufe der Zeit immer mehr und mehr. Die Stelle beginnt sich zu röten und zu schmerzen. Manchmal kommt es sogar zu Schüttelfrost und Fieber. Nun ist Gefahr im Verzug. Der ganze Vorgang, der anfänglich aus einer kleinen Verletzung entstanden ist, kann sogar zu einer Blutvergiftung werden und mit dem Tod enden.

Damit das nicht passiert, wird der Arzt den Abszess öffnen. Er macht einen klaren und sauberen Schnitt. Schon wieder haben wir ein wichtiges Wort, aus dem wir für unsere seelische Befindlichkeit lernen können. Eine entschlossene Handlung ist angesagt und erforderlich. Nach diesem Schnitt, der zugegebenermaßen sehr schmerzhaft ist, wird die Wunde sehr, sehr intensiv gesäubert. *Alles* muss raus. Erst danach kann eine Heilung eintreten. Wenn alles ordentlich erledigt wurde, heilt die Wunde ab, ohne größere Narben zu hinterlassen. Wir haben dazugelernt, dass wir besser aufpassen und uns nicht mehr verletzen lassen.

Was will ich Ihnen mit diesem Vergleich sagen? Was bedeutet das für unser Leben? Eine Beziehung, die auf gesunden Füßen steht und deren Pflege viel Aufmerksamkeit erfährt, kann sich nicht entzünden. Eine Beziehung, die Zündstoff bietet, ist nicht gesund und kann sich jederzeit entzünden. Gegen eine Entzündung kann man prophylaktisch etwas tun. Wir können uns mehr Zeit für die sorgsame Pflege der Haut nehmen. Dabei ist es wichtig, dass alle Beteiligten nicht nur den Verletzungen der anderen, sondern auch ihren eigenen kleinen Verletzungen Aufmerksamkeit schenken und dafür sorgen, dass sie selbst heil werden, an Körper, Geist und Seele. Somit ist jeglicher Zündstoff entfernt und die Basis für eine gesunde und harmonische Beziehung gegeben.

Die Selbstfindung hört nie auf

Kommen wir zu den nächsten Begriffen: Ich habe den Begriff Selbstzweifel verwendet. Selbstzweifel bieten den größten und am meisten explosiven seelischen Zündstoff, den es gibt. Deshalb ist die wichtigste Aufgabe eines Menschen, sich intensiv mit sich selbst zu beschäftigen, um sich selbst zu finden. Eine Person, die weiß, wer sie ist, ist auf ganz natürliche Weise »selbst-be-wusst«.

Sie weiß, wer sie ist. Sie weiß, was sie kann, aber auch, was sie nicht kann. Auch das ist eine wichtige Angelegenheit. Vor allem weiß sie, was sie will, aber auch, was sie nicht (mehr) will. Zugegeben, diese Selbstfindung ist ein lebenslanger Prozess und hört nie auf, solange wir leben. Und das ist gut so. Wir befinden uns in ständiger Veränderung. Wir lernen stetig hinzu, lernen neue Menschen kennen, die gesellschaftlichen Bedingungen verändern sich, unsere familiären und beruflichen Gegebenheiten sind einem ständigen Wandel unterzogen. Deshalb ist die Persönlichkeit ebenfalls in diesem Wandel involviert.

Um daran mitzuwachsen und nicht zu zerbrechen, braucht es einerseits starkes »Persönlichkeitsmaterial«, das jedoch nicht mit starr zu verwechseln ist. Darin liegt das Geheimnis einer gesunden Persönlichkeitsentwicklung - stark und flexibel statt starr und unbeweglich.

Neubeginn als Chance

Durch das »Ent-lieben«, »Ent-freunden« und »Ent-fernen«, das eine mit uns in enger Beziehung stehende Person vornimmt, spüren wir zwar den großen Schmerz des Schnitts. Doch das birgt auch die große Chance, sich endlich selbst zu »ent-decken«. Wir sind ganz alleine auf uns gestellt. Wir haben nun die Möglichkeit, dass wir uns mit uns selbst beschäftigen. Das ist gar nicht so einfach. Man muss sich selbst aushalten können. Ohne Ablenkung durch den oder die anderen - nur mit sich selbst alleine.

Der Selbst-findung steht nichts mehr im Weg - das Selbst-be-wusst-sein kann sich endlich ent-wickeln. Unsere Seele findet endlich Ruhe. Frieden kehrt ein in unser Herz. Und jetzt ist es Zeit für eine neue und wunderbare Beziehung mit sich selbst und mit anderen. Kein Zündstoff kann jemals wieder eine Beziehung entzünden und ein zerstörendes Flammenmeer hervorbringen.

So schmerzlich die Erfahrung einer zerstörten Beziehung auch sein mag, so heilsam ist sie nach den überstandenen Schmerzen für unsere Seele und ein Leben in Zu-frieden-heit. Eine schönere Zukunft kann man sich nicht vorstellen.

Friede sei mit dir!

Kapitel 7:

Überfluss

Überfluss verloren – mit Dankbarkeit erfüllt

Schwester Teresa Zukic

Als Jahrgang 1964 geboren zu sein, erfüllt mich mit Dankbarkeit. In meiner Kindheit in den 70er- und 80er-Jahren fehlte mir nichts. »Ich wollte immer, dass ihr es besser habt«, hörte ich oft meine Mama sagen, die in der entbehrungsreichen Nachkriegszeit großgeworden ist.

Danke für meine glückliche Kindheit, Mama!

Meine Mama hat mir in meiner Kindheit und Jugend alles ermöglicht, was ich als Sportlerin brauchte, und jede Reise, die ich mir wünschte. Ich weiß nicht mehr, wie es dazu kam, aber ich durfte beispielsweise als 16-Jährige alleine mit dem Zug nach Paris fahren. Dort saß ich stundenlang im Louvre und malte in meinen Notizblock, schlenderte als Jugendliche über die *Champs-Élysées*, bestieg den Eiffelturm und fühlte mich erwachsen und frei. Was haben mir meine Eltern und vor allem meine Mama nur alles ermöglicht! Ich war ein unkompliziertes Kind, hatte bis zu meinem 18. Geburtstag nur Sport im Kopf, besuchte erst die Realschule, ein Jahr das Wirtschaftsgymnasium, dann das Sportinternat und schloss mein Abitur mit einer dreier Note ab, mit den Leistungskursen Mathematik und Sport. Mathematik war ein Fiasko, aber da musste ich wenigstens nicht so viel lernen wie für andere Fächer. Deutsch und Kunst liebte ich und besuchte erst im Abschlussjahr den Religionsunterricht, als ich zum Glauben kam. Dass ich später mein Studium als Religionspädagogin mit der Note 1,7 abschloss, zeigt wohl, dass ich für alles, was mich interessierte, Feuer und Flamme war. Leider hatte ich nur wenige begeisterte Lehrerinnen und Lehrer erlebt, die mich zum Lernen motivieren konnten. Dafür war ich in allen Schulen Klassensprecherin, war beliebt, bei Mitschülern (mehr bei den Jungs) und Lehrkräften.

Alles für den Sport

Damals zählte für mich nur meine Sportkarriere. Ich hatte keinen Gefallen an Discos, denn ein Discobesuch am Abend wäre ja für den Wettkampf am nächsten Morgen eine Katastrophe gewesen. Ich liebte Kinobesuche, meine Rollschuhe und mein Rennrad. Lief immer mit Trainingsanzug oder Jeans herum, interessierte mich überhaupt nicht für Kleider, Schminke oder Rockkonzerte. Erst stundenlang vor einer Bühne herumhüpfen und dann am nächsten Tag trainieren zu sollen, hielt ich für unmöglich. Aber ich las die Bravo und hatte das Poster der *Bay City Rollers, einer schottischen Popband,* in meinem Zimmer hängen. Ich ließ mir immer verrückte Dinge einfallen,

Kapitel 7: Überfluss

kochte gelegentlich für meine Mama, wenn sie von der Sparkasse kam. An den Wochenenden war ich zu Wettkämpfen unterwegs.

Im Sommer fuhren wir immer nach Kroatien ans Meer, ein paar Tage vorher zu unseren Verwandten ins Landesinnere. Ich hatte eine rundum glückliche Kindheit. Allerdings standen nicht Schnitzel oder Bratwürste auf unserem Speiseplan, sondern alles, was das Meer hergab. Es gab oft Fisch, Scampi und was mein Papa in seinen Restaurants nach seiner Fußballkarriere zauberte. Meine Mama war jedes Wochenende dort und half ihm, auch mein Bruder und ich halfen, als wir Jugendliche waren. Meine Eltern hatten ein Haus am Meer in Kroatien gebaut und mussten den Kredit ihr Leben lang abbezahlen. Ich träumte von einem Prinzen, der mein Herz erobert.

Wer erobert mein Herz?

Wenn ich als Teenager nach meinen Träumen gefragt wurde, wollte ich einen Mann und mindestens fünf Kinder, also ein Basketballteam, und er sollte mein Ein und Alles sein und ich würde ihn abgöttisch lieben. Damals wusste ich ja nicht, dass es einen Gott gibt. Aber als er in mein Leben kam, bekam ich den Prinzen, der für immer mein Herz gewann: Jesus Christus. Ihm gehört alles, er ist der Erbe des Himmels. Im Kloster hatten wir Armut, Ehelosigkeit und Gehorsam geschworen und jede Schwester bekam 10 Mark Taschengeld im Monat für kleine persönliche Dinge oder um jemand ein Geschenk zu machen. Das genügte mir. Ich brauchte nichts.

Plötzlich reich beschenkt

Später gründete ich mit Pfarrer Franz die Kleine Kommunität und arbeitete als Gemeindereferentin. Wir steckten unseren Verdienst in Mikrofone, Mischpulte, Lautsprecher und alles, was wir für die Arbeit brauchten. Um mir ein Auto leisten zu können, ließ Gott Pfarrer Franz und mich in die Quizshow von Jörg Pilawa einladen. Wir gewannen 100.000 Euro, konnten uns das Auto kaufen, etwas für die Rente zurücklegen und finanzierten viele Projekte. Wir konnten immer bei meiner Mama in Kroatien Urlaub machen und wenn es uns in die Welt zog, dann meistens, um neue interessante Gemeinden oder Kirchenbewegungen kennenzulernen. Als meine ersten Bücher erschienen und ich später auch Vorträge hielt, konnten wir leichter leben und viele Initiativen unterstützen. Immer war ich fleißig und, wie eine Zeitung titulierte, »die nimmermüde Schwester« – das habe ich wohl von meiner Mama gelernt. Die Gastfreundschaft und Großzügigkeit anderen gegenüber hatten mir meine Eltern beigebracht. Wir kochen bis heute immer frisch in der Kleinen Kommunität und feiern gerne mit Mitarbeitern und Freunden. Da war mir kein Aufwand zu groß oder keine Arbeit zu viel.

Nach einigen Jahren stand der Wechsel in eine andere Gemeinde an. Als wir umzogen, mussten wir schauen, dass wir unsere Miete aufbrachten. Autorin zu sein macht nicht automatisch reich, denn ich bekomme natürlich ein Honorar, aber wenn ich meine eigenen Bücher verkaufe, muss ich sie zuerst ja schreiben, dann zum Autorenrabatt einkaufen, die Steuern bezahlen, das Porto und die Zugaben. Aber wir konnten gut leben, denn was wir als Überschuss verdienten, konnten wir in unsere sozialen Projekte stecken.

Kapitel 7: Überfluss

Die Zeit des Überflusses ist vorbei

Dann kam Corona und von einem Tag auf die anderen fanden keine Veranstaltungen mehr statt. Wir mussten unsere Miete von unseren Ersparnissen bezahlen. Danach kam meine lange Zeit der Krankheit, in der ich Krankengeld erhielt. Ich war froh über jedes neue Buchprojekt und freute mich, als die ersten Vortragsanfragen kamen. Dennoch unterstützten wir weiterhin alle unsere Patenkinder und soziale Projekte. Der Krieg in der Ukraine hatte alles verändert. Wie gut, dass ich so kreativ war und Kochen eine Leidenschaft war und ich immer aus Resten etwas zaubern kann. Für meine Kochbücher mussten wir natürlich mehr investieren und viele Gerichte mehrmals probekochen, bis die Rezepte passten. Die Zeit des Überflusses ist für viele vorbei und Urlaub machen wie früher ist im Moment auch für uns nicht möglich. Aber das ist für mich überhaupt nicht schlimm. Ich habe meine Krebserkrankung überlebt und wenn ich Menschen an meiner Seite habe, für die ich ihr Leben bin, bin ich mit allem zufrieden.

Freude an den kleinen Dingen

Ich habe die kleinen Dinge schätzen gelernt: Ich liebe die gelben Felder auf meinen Touren, jeden Sonnenstrahl, das Lächeln oder einen lieben Kommentar auf meinen Seiten im Internet. Ich freue mich einfach an allem und habe keine großen Wünsche mehr. Ich wünsche mir nur, dass wir alle so lange wie es geht gesund bleiben. Dafür, es uns mit einfachen Dingen schön zu machen, werde ich immer mit meiner Kreativität sorgen. Ich lebe und diene Gott und den Menschen und bin verschwenderisch mit meiner Lebenszeit für andere. So wie auch jetzt, wenn ich dieses Buch schreibe und alle meine Kraft und Liebe hineinlege. Es gibt für mich nichts Schöneres und ich werde bis zu meinem letzten Atemzug Menschen ermutigen und für sie leben. Ich teile gerne mein Lebensglück mit allen. Ich schaue jetzt schon auf ein reiches inneres Leben zurück und bin gewiss, dass Gott noch Großes mit uns vorhat. Neues bedeutet immer ein Wagnis und im Vertrauen auf Gottes Vorsehung werden wir auch die nächsten Herausforderungen und Schwierigkeiten meistern. Wir überlassen uns ganz Ihm und bleiben in dieser tiefen Dankbarkeit und dem Gottvertrauen. Dazu ermutige ich jeden Tag meine Communitys. Wir müssen nicht alles haben, aber wir können immer aus allem etwas machen. Es geht auch bescheidener, einfacher und anspruchsloser. So zufrieden zu sein wie möglich.

Die Überlebenden der Priestergrotte

Was mir in schwierigen Zeiten Kraft gibt? Viel Kraft geben mir zum Beispiel Biografien, in denen ich lese, wozu Menschen fähig waren, die schwierigste Zeiten überlebten.

Wie hat mich die unglaubliche Geschichte einer jüdischen Familie erschüttert, die ich dieses Jahr im Auto im ERF-Radio hörte. Dort wurde aus dem Buch »Die Höhle« von Damaris Kofmehl vorgelesen. 60 Jahre kannte kaum jemand diese Geschichte. 511 Tage hatten sich ukrainische Juden in einer Höhle vor den Nazis versteckt. Es ist vor allem die Geschichte von Esther Stermer (1888–1983). Esther war eine belesene Frau. Sie sprach mehrere Sprachen und hielt wenig von Autoritäten. Als die ukrainische Polizei 1942 alle Juden aufforderte, sich zu registrieren – der sichere Weg ins Konzentrationslager – tauschte sie Haus und Land gegen Tickets nach Kanada.

Der Krieg erreichte die Ukraine jedoch zu schnell. Von der Gestapo verfolgt, flüchteten die Stermers und vier weitere jüdische Familien in einer sternklaren Nacht. Am 12. Oktober 1942 zogen sie mit Kartoffeln und Holz, mit Decken und Stroh in eine Höhle. Zunächst in eine kleine, da spüren die Nazis sie kurz darauf auf.

Mit viel Geschick entflohen die Stermers ihren Peinigern und fanden durch einen Zufall eine größere Höhle: die Priestergrotte. 38 Menschen im Alter zwischen zwei und 76 Jahren sollten hier überleben. Sie bauten eine Dusche, wuschen sich regelmäßig, eine Passage der Grotte machten sie zur Toilette, Papier gab es keines. Schmutziges Wasser kippten sie weit entfernt von ihrem Trinkwassersee aus. Wenn sie an Reinigungsmittel kamen, putzten sie den Höhlenboden. Einen Jungen mit Läusen trennten sie eine Weile von der Gruppe. Sie plätteten den Boden in einem Teil der Höhle mit Schaufeln, stellten 15 Zentimeter hohe Holzpfähle auf, schnitten Latten aus Bäumen. Sechs Personen teilten ein solches Bett. Das hielt warm, denn in der Höhle waren es durchschnittlich zwölf Grad.

Wie Tiere im Winterschlaf dämmerten die Familien bis zu 20 Stunden täglich, sparten Kalorien. Wenn sie wach waren, schnitzten sie Löffel, nähten neue Schuhe, ständig ging etwas im Matsch verloren. Die Kinder sangen im Dunkeln, erzählten Geschichten aus der Thora und sagten Gedichte auf. Sie durften nicht weit laufen, denn es war leicht, sich im Labyrinth zu verirren. Die wertvollen Kerzen entzünden die Familien nur, um zu kochen. Feuer machten sie an Stellen, wo Wind den Rauch davontrug. Sie hätten sonst ersticken können. Einmal am Tag gab es Essen. Die Männer, die alle paar Wochen nachts die Höhle verließen, um Lebensmittel aufzutreiben, aßen zwei Mahlzeiten. Esther Stermer behielt einen Kalender im Kopf. Sie wusste, wann Vollmond war. Sie erinnerte sich an die Feiertage. Sie warnte die Söhne vor Dorfbewohnern mit bellenden Hunden. Sie führte ihre Familie weiter.

Um zu überleben, mussten sie stehlen. Manche schossen auf sie. »Wir haben ihn uns nur geborgt«, sagen die Stermers 60 Jahre später über den großen Mühlstein, der so schwer ist, dass er bis heute dort unten in der Höhle liegt. Die Frauen mahlten Mais zu Mehl, backten Brot, stampften Möhren und Kartoffeln zu Suppe. Einige der Kinder hatten später Rachitis, Vitamin-D-Mangel, aber keines verhungerte. Im Frühjahr 1944 bewegte sich die Front genau über die Stermers hinweg. Mit jedem weiteren Tag schwanden die Vorräte. Im April lag endlich ein Zettel am Höhleneingang, vermutlich von einem der Bauern: »Die Russen sind da, ihr könnt rauskommen.« Sie kletterten ans Tageslicht. Eines der Mädchen bat, die helle Kerze auszupusten. Nach der langen Zeit in der dunklen Höhle erkannte sie die Sonne nicht mehr. Oben fanden sie eine neue Welt vor: 95 Prozent aller Juden in der Region waren ermordet worden, 1,5 Millionen ukrainische Juden insgesamt. So schnell sie konnten, reisten sie nach Kanada aus, wo die Nachfahren der Familie bis heute als Geschäftsleute leben. Esther Stermer starb 1983 mit 95 Jahren.

Unfassbar, aber motivierend. Wir mussten während Corona nur zu Hause bleiben! Danke Gott, dass du diese Familie hast überleben lassen. Danke, dass ihre Geschichte bekannt geworden ist. Niemand von uns konnte es sich aussuchen, in welche Familie wir hineingeboren wurden. Lasst uns alle weniger jammern und mehr Dankbarkeit dafür aufbringen, in was für einem Land wir leben und wie gut es uns doch geht.

Kapitel 7: Überfluss

Wir kommen auch mit weniger aus und wir können immer noch teilen. Wir dürfen nur nicht das Schöne übersehen, das oft gar nichts kostet. Wir leben immer noch im Überfluss. Gottes Liebe ist verschwenderisch. Dieser Überfluss endet nie.

genug

Wenn wir Dich haben, Gott,
haben wir von allem genug.

Schenke uns
Dankbarkeit
Großzügigkeit
Bescheidenheit
Achtsamkeit
Lebensfreude
Genügsamkeit
Zufriedenheit
Liebe
im Überfluss

Kapitel 7: Überfluss

Eine kleine Geschichte des Geldes

Eva-Maria Popp

Schwester Teresa spricht vom Überfluss, in dem wir leben und was es für jeden Einzelnen von uns bedeutet, wenn der Überfluss versiegt. Er kann sich normalisieren - weg vom zu viel - oder sogar in den Mangelzustand fallen. Unser Überfluss ist meist mit Geld verbunden, das wir im Überfluss ausgeben oder im anderen Extrem horten. Beide Male stecken ein gestörter Energiefluss bzw. ein gestörtes Verhältnis zum Geld dahinter und meist auch ein schwieriges Verhältnis zu sich selbst. Deshalb ist es lohnenswert, sich mit der Philosophie bzw. Geschichte des Geldes zu beschäftigen, damit man die tieferen Zusammenhänge verstehen und begreifen kann.

Vom Jäger zum Börsenmakler

Geld spielt im Leben vieler Menschen eine zwiespältige Rolle. Einerseits braucht jeder Mensch »Energie« in Form von Geld zum Leben - andererseits ist der Sinn von Geld in unserer heutigen Zeit schwer zu erfassen, weil er sehr abstrakt ist.

Am Anfang der Menschheit war es klar ersichtlich, dass es zur Befriedigung der elementarsten Bedürfnisse wie Hunger und Durst notwendig war, Leistung in Form von Jagen oder Sammeln zu erbringen, später auch durch Selbstanbau von Nahrungsmitteln. Vor der Erfindung des Geldes war jede Form von Arbeit und Verdienen immer durch eine direkte Belohnung, also Erfolg in Form von Nahrungsaufnahme gekrönt – eine tiefe Befriedigung für Körper, Geist und Seele. Der Sinn von Leistung war somit für jeden immer sofort direkt zu erkennen, zu spüren und zu begreifen. Daraus entwickelte sich über eine lange Zeitspanne hinweg der Tauschhandel – auch wieder direkt und unmittelbar.

Erst in späterer Zeit musste man auf verschiedene Formen von Währung als Tauschmittelersatz ausweichen, da die Warenvielfalt und auch die Ansprüche größer wurden. Dies war der Beginn der Entfremdung von Leistung in Bezug auf unmittelbare Befriedigung und die zunehmende Entfremdung zwischen Leistung und Geld.

Seitdem wurde das Geld immer abstrakter: Auf die ersten Münzen folgte das Papiergeld, auf das Papiergeld der immaterielle Geldverkehr.

Zugleich wurde das Verhältnis der Menschheit zum Geld immer komplexer: Hatten die Menschen vor 100 Jahren ihre Belohnung für die Leistung einer Arbeitswoche wenigstens in Form einer mehr oder weniger gut gefüllten Lohntüte »sichtbar in Händen«, fehlen den meisten Menschen in der heutigen Zeit durch den bargeldlosen Zahlungsverkehr vollkommen die Anbindung und das Verständnis.

Der Bezug zu Geld und dessen Gegenwert ist schwirig zu begreifen. Was bedeutet es, 1000 Euro auf dem Konto zu haben? Worin liegt der Wert bzw. der Gegenwert? Das könnte möglicherweise auch erklären, warum neue Krankheiten wie Kauf- und Spielsucht auf der einen Seite, aber auch übertriebener Geiz und die Jagd nach dem Geld das Leben vieler Menschen bestimmen.

Es scheint die echte Befriedigung der Sinne zu fehlen –der Zusammenhang zwischen Leistung und Geld. Geld ist dadurch für viele Menschen mehr oder weniger »wertlos« geworden, weil sie den Wert nicht mehr erkennen können – er ist tatsächlich nicht mehr zu »begreifen«, im wahrsten Sinne des Wortes. Auf dieses Vakuum fallen falsche Lebensweisheiten in Form von Glaubenssätzen: »Geld verdirbt den Charakter«, »Geld regiert die Welt«, »Geld stinkt« usw. Diese Glaubenssätze prägen unsere Kindheitserinnerungen und begleiten uns im Unterbewusstsein oftmals das ganze Leben. Dies erklärt die Ambivalenz vieler Menschen bezüglich ihrer Einstellung zum Geld.

Macht viel Geld glücklicher?

Die Welt des Geldes ist eine Wissenschaft für sich geworden. Als Laie durchblickt man nur schwer das Dickicht verschiedener Wertanlagen. Viele Menschen fühlen sich beim Thema Finanzen hilflos und alleine gelassen. Dieses latente Grundgefühl wirkt sich gerade im Bereich Geld fatal auf die psychische Grundbefindlichkeit eines Menschen aus, weil Geld die existentielle Basis auch für die Zukunft jedes Einzelnen darstellt.

Aus wissenschaftlichen Studien wissen wir, dass Geld und Glück keinen direkten Zusammenhang haben. Natürlich spielt es für das Wohlbefinden eines Menschen eine entscheidende Rolle, dass die Grundbedürfnisse wie Essen, Wohnen und Schlafen gut abgedeckt werden können. Geld macht jedoch nur bis zu einer gewissen Summe glücklicher. Ist diese Schwelle erreicht, macht jeder weitere Euro nicht glücklicher. Reiche Menschen sind also nicht automatisch glücklicher als Menschen, die über weniger Geld verfügen.

Von der Last der Schulden

Eine besondere Rolle kommt Schulden zu. Schulden sind in unserer Gesellschaft eher negativ besetzt. Bezieht sich doch der Ursprung des Wortes »Schuld« im übertragenen Sinne auf die Bedeutung, dass man vermeintlich Schuld auf sich lädt, wenn man Schulden macht.

Die Scham vor Schulden bewahrt viele Menschen vor der unnötigen Bedürfnisbefriedigung von heimlichen Sehnsüchten, die auf Basis von Konsum entstehen. Sich für Konsum in die Schuldenfalle zu stürzen ist eine schlimme Sache, an der viele Menschen zerbrechen.

Doch nicht nur für einzelne Konsumenten, sondern auch für manchen Existenzgründer oder Geschäftsleute können Schulden fatale Folgen nach sich ziehen. Geschäftsgründung und Unternehmertum ist in der heutigen Zeit fast ausschließlich mit einer Investition verbunden. Dieser Investition steht immer ein Gegenwert in Form von Maschinen, Gebäuden und anderen Sachwerten entgegen. In dem Fall stellt die Investition, in Form von Schuldenmachen, sogar eine wichtige Basis für den späteren Erfolg dar. Wer nicht investiert/sät, kann später nicht ernten. Auch der einfache Häuslebauer macht Schulden. Für viele Menschen beginnt damit jedoch auch ein unglaublicher Druck. Sie arbeiten nur noch um diese Schuld(en) abzubauen und in den Griff zu bekommen. Vielen entgleitet dadurch mehr oder weniger das Leben und die Lebensfreude. Sie werden zum Sklaven ihres Besitzes, ihres Geldes und ihrer Besitzstandswahrung.

Kapitel 7: Überfluss

Was ist der Gegenwert unseres Geldes?

Wir sollten uns immer wieder einmal bewusst darüber werden, dass Geld auf alle Fälle immer einen Gegenwert hat. Es ist eine Form von Energie und musste einmal erarbeitet und erworben werden. Genauso ist es mit dem Geld ausgeben. Wer mehr Geld ausgibt, als er zur Verfügung hat, verliert Energie.

Wer immer im Überfluss lebt, stört den eigenen Energiehaushalt. Das macht auf Dauer krank und mündet in Unzufriedenheit statt Zufriedenheit.

Wir sollten uns besinnen und zu einem Leben im Gleichgewicht zurückkehren. Dann ist alles im Fluss.

Das gilt nicht nur für das Geld, sondern auch für viele andere Dinge, wie essen, trinken und Genuss. Zu viel davon macht uns krank. Und auch Mutter Erde kann ein Lied davon singen, dass wir im Überfluss leben und ihr zu viele Ressourcen entnehmen.

Mein Fazit: Nehmen Sie sich Zeit, um über das Thema Überfluss nachzudenken. Denken Sie nach, bevor Sie etwas kaufen, etwas essen, etwas trinken!

Ist der Konsum wirklich notwendig? Wenn ja, dann genießen Sie ihn und tun Sie es bewusst. Ziehen Sie Lebensfreude und Zufriedenheit daraus. Wenn nein, dann lassen Sie es sein und freuen sich, dass Sie im gesunden Fluss sind, statt im Strudel des Überflusses zu ertrinken.

Kapitel 8:

Mut

Lebensmut erloschen – verändert durch neuen Mut

Schwester Teresa Zukic

Lebensmut ist eine positive Einstellung zum Leben. Wenn man spürt, dass man viel Gutes im Leben erleben oder bewirken kann, Freude spürt, sich getragen fühlt und einen Halt hat im Glauben oder seiner Familie, Partner oder Freunden, hat man viel Lebensmut. Es gibt Großmut, Kleinmut, Demut, Hochmut, Wagemut, Übermut, Schwermut oder eben Lebensmut. Aber auch Mut zur Wahrheit oder Mut zur Veränderung.

Der Lebensmut kann aber erlöschen, oft durch Schicksale, Krankheiten oder Verluste, wie zum Beispiel seine geliebte Arbeit. Im Lebensmut steckt Hoffnung und Zuversicht das eigene Leben bewältigen zu können. Im Laufe eines Lebens verlieren aber selbst viele nach außen stark wirkende Menschen ihren Lebensmut.

Viele Menschen sind auch verletzte Menschen, gekränkte Menschen, schwache Menschen und die Hoffnung zu verlieren, ist ein wesentlicher Bestandteil davon.

Kapitel 8: Mut

Jeder Mensch verdient es, am Leben zu bleiben, und verdient liebevolle Unterstützung. Verdient einen Engel, der da ist, mit Zuspruch und Trost und hoffnungsmachenden Worten und Taten.

Wenn Menschen den Lebensmut verlieren, ist das oft ein langsamer Prozess, meistens verläuft es in Schüben, die heftig sein können. Die Seelenschwere lässt sie die Dinge um sie herum immer schwärzer sehen. Sie verlieren das Selbstwertgefühl und sehen die Welt immer negativer. Vor lauter Gedankenkreisen und Grübeln liegen sie nachts stundenlang wach und können kein Auge mehr zumachen. Kündigt sich ein Burnout an, können Betroffene selbst meist gar nicht in Worte fassen kann, wie erschöpft sie sind.

Wenn die Welt immer schwärzer erscheint

Depressionen sind eine echte Volkskrankheit. Studien zufolge ist etwa jeder 5. bis 6. Erwachsene einmal in seinem Leben von Depressionen betroffen. Mir tun die vielen depressiven Menschen leid. In Gesprächen spüre ich, wie festgefahren und aussichtslos sie selbst ihre Situation beschreiben und wie die Schwermut von ihnen Besitz ergriffen hat. Sag mal einem an Depression erkrankten Menschen, wie schön die Sonne scheint. Darum ist der Frühling für viele Betroffene die schwerste Jahreszeit: Sie sehen, wie viele Menschen sich freuen und aufblühen, und können selbst keine Freude empfinden.

Menschen, die Depressionen haben, sehnen sich danach, verstanden zu werden. Doch Depressionen gehören leider noch immer zu den Krankheiten, die hinsichtlich ihrer Schwere am meisten unterschätzt werden. Dabei sind Depressionen ebenso ernstzunehmen wie körperliche Erkrankungen. Die Traurigkeit hält die Betroffenen gefangen. »Reiß dich doch zusammen«, hören Menschen mit Depressionen manchmal. Doch die Traurigkeit verschwindet nicht einfach, wenn sie sich zusammenreißen. Menschen wenden sich ab, weil sie den Zustand der Betroffenen nicht verstehen. Sie verstehen nicht, warum Verabredungen in letzter Sekunde abgesagt werden, weil die Betroffenen keinen guten Tag haben.

Manchmal sagen Betroffene mir, dass sie nicht mehr therapierbar sind, und bitten mich um mein Gebet. Ich bete dann mit ihnen und sie sagen, dass es ihnen gutgetan hat. Aber ich fühle mich auch manchmal ohnmächtig.

Jesus tröstet die Traurigen

Ach, wie wünschte ich mir dann Jesus selbst her. Er brauchte die Menschen nur anschauen, sie berühren, ein einziges Wort sprechen, und sie wurden geheilt an Leib und Seele. Mit göttlicher Vollmacht ließ er alle Krankheiten, alle Dämonen, alle Stürme verschwinden.

Wenn ich mich danach sehne, dann kneift mich mein Schutzengel. Und auch ich Schwester Teresa greife mir dann an meinen Kopf und schüttle ihn. ER ist ja da, meine Güte. Ich Dummerchen. ER hat uns nicht hilflos und alleine zurückgelassen, SEIN Beistand ist da.

Es genügt ein bewusstes »Komm, heiliger Geist.« Sein Heiliger Geist stupst mich dann, manchmal auch massiv. Ich habe IHM vor vielen Jahren erlaubt, mich daran erinnern zu dürfen, sich mir in den Weg zu stellen, auch durch Hindernisse und Herausforderungen. Ich erlaube IHM, mein Gehirn wieder zu evangelisieren. Mich wieder neu mit der froh machenden Botschaft des Jesus Christus zu infizieren, wenn es Momente gibt, wo ich die Angst zulasse, die Traurigkeit, die Schwermut. Wenn ich mich betäubt fühle, angesichts aller Bedrohungen dieser Welt, aller Hilflosigkeit den vielen Kranken gegenüber. Als ich selbst so krank war und die Angst in meine Seele kroch.

Da war ER immer da. Oft in einem liebenden Menschen. Er schickte mir genau die Menschen, die ich gebraucht habe. Meine Ängste auszusprechen tut so gut, vor Gott im Gebet, aber auch gegenüber den Menschen an meiner Seite. Dann bin ich wieder betört über das Geschenk der Freundschaft. Dass meine Freundinnen und Freunde da sind, wenn ich sie brauche. Ich kann nicht alles falsch gemacht haben, ich war auch für sie da. Ich liebe meine Freunde so sehr.

Gott schenkt uns Wegbegleiter

Wenn ich verzagt bin, höre ich auf meinen Pfarrer Franz. Er ist mir Freund, Bruder, Beichtvater, Bodyguard, das größte Geschenk in meinem Leben und ein wundervoller Priester. Ich hoffe, Gott lässt ihn noch länger an meiner Seite. Ich vertraue ihm Gott an, denn ER hat unser aller Leben in seiner Hand. Was auch geschieht, das großartige Vermächtnis seiner Worte und seine Güte sind in meiner Seele gespeichert. All das, was er und wir gemeinsam als Gottes »Bodenpersonal« in seinem Dienst tun durften, bleibt! Niemand kann uns das mehr nehmen und es hat Ewigkeitswert.

Immer wieder schenkt Gott mir einen mutmachenden Gedanken! Einen neuen, frei machenden Gedanken. Dann weckt er wieder meine Lebenskräfte. Dann lächle ich und sie sind wieder da: die wagemutige Hoffnung, die zärtliche Heiterkeit, die unbändige Lebensfreude. Dann habe ich wieder diesen MutAUSBRUCH!

Mein Wunsch: Resilienz für alle Menschen

Sehr bewegt war ich, als Dr. Jalid Sehouli, mein Lebensretter und Co-Autor von unserem Kochbuch »Himmel im Mund«, in meinem Buch über meine Krebserkrankung im Nachwort schrieb: »Resilienz bedeutet, auch in Krisen zu wachsen und die jeweiligen Energie- und Kraftquellen zu nutzen. Schwester Teresa ist ein wunderbares Symbol dafür, dass aus Zweifel und Angst Mut und Inspiration werden können und dass alle menschlichen Emotionen ineinandergreifen. Sie ist ein Symbol dafür, dass Respekt, Selbstbewusstsein, Demut, Dankbarkeit und Solidarität sowohl für die Krankheitsbewältigung als auch für das menschliche Miteinander die zentralen Attribute sind.«

Diese Resilienz wünsche ich wirklich allen. Man kann sie erbitten, denn ich weiß, woher meine Kraft und mein Mut kommen. Sie kommen von IHM, »denn wenn ich schwach bin, bin ich stark«, sagt Paulus. Es ist Gottes Kraft, Gnade und Liebe und Sein MUT. Denn ER ist der tapferste Gegner gegen alle Angst. »In der Welt habt ihr Angst, aber ich habe sie besiegt«

Kapitel 8: Mut

Gott gibt dich nicht auf

Ein Mutmacher in meinem Leben ist Nick Vujicic. Er kam ohne Arme und Beine auf die Welt. Er war der Sohn des Pastors. Als er geboren wurde, weinte die ganze Gemeinde. Seine Mutter konnte ihn erst gar nicht in den Arm nehmen.

Man gab ihm kaum Überlebenschancen. Aber durch die Liebe seiner Eltern wurde Nick ein wundervoller Erwachsener. Er hatte mit größten Hindernissen zu kämpfen, vor allem ohne Gliedmaßen zurechtzukommen. In der Schule wurde er schikaniert, hatte natürlich Zukunftsängste. Irgendwann verlor er ganz den Lebensmut und versuchte sich das Leben zu nehmen. Abends betete er, dass Gott ihm über Nacht Beine schenkt. Aber diesen Wunsch hat Gott ihm nicht erfüllt. Stattdessen schenkte er ihm einen Glauben, der ihn auch durch Krisenzeiten trägt, und unbändige Lebensfreude.

Heute motiviert Nick Millionen Menschen. Er hat mit seinem Vater viele Hilfsmittel erfunden, die ihm im Alltag helfen. Hat ein Unternehmen gegründet, reist durch die Welt und verkündet Gottes wundervolle Botschaft und dass wir alle über Widrigkeiten hinauswachsen und jede Behinderung des Herzens und des Geistes überwinden können! Er hatte zum Beispiel Angst, nie heiraten zu können. Er könnte seiner Frau nicht mal die Hand halten. Aber Gott hat ihm nicht nur eine bezaubernde Frau geschenkt, sondern inzwischen auch vier wundervolle Kinder. Er lässt sich nicht unterkriegen. Nick sagt: »Gib Gott nicht auf, weil ER dich auch nie aufgibt.« Und er sagte: »Wenn du nicht an Wunder glaubst, sei selber eins«. Er ist für mich ein Wunder, ein wundervoller Mutmacher und wenn es mir mal schwer war, wieder ins Auto zu steigen und hunderte Kilometer zu fahren, oder andere Hindernisse zu überstehen, dann denke ich an Nick und habe wieder Mut. Und ich wage es wieder neu.

In Krisenzeiten nie allein

Ich will sehen, was passiert, wenn ich Gott vertraue. So war es in meiner Krankheit und so war es bei existenziellen Krisen meines Lebens. Ich muss Krisen nicht alleine durchstehen. Ich darf und kann mich anderen anvertrauen. Und ich schöpfe Mut, wenn mir andere Menschen beistehen und für mich beten. So wie auch ich den Menschen Tag und Nacht beistehe, wenn sie sich an mich wenden.

Mut zur Veränderung. Mut zu Neuem. Mut zu Wagnissen. Wir gewinnen oder wir lernen. Auch wenn wir in manchem versagen, so geben wir nicht auf. Selbst in bedrohlichen Zeiten.

Da fällt mir ein einzigartiges, wundervoll tröstliches und geistliches Gedicht ein: »Von guten Mächten wundervoll geborgen, erwarten wir getrost, was kommen mag, Gott ist bei uns am Abend und am Morgen, und ganz gewiss an jedem neuen Tag.« Geschrieben hat es der NS-Widerstandskämpfer und evangelische Theologe Dietrich Bonhoeffer. Er verfasst es im Dezember 1944. Es war sein letzter theologischer Text im Gefängnis, kurz vor seiner Hinrichtung. Mut verändert. Oder wie Adolf Kolping sagte: »Wer Mut zeigt, macht Mut.«

Du nimmst uns an der Hand

Wie viel Mut braucht es,
einen Tag zu bestehen?
Ein ganzes Leben mutig zu bleiben,
um weiterzugehen?

Wie schnell wirft uns
eine Krise aus der Bahn?
Ein dummes Wort, ein Blick,
ein Versagen macht uns lahm!

Doch Du gibst nie auf,
wenn aller Mut uns erlischt,
wenn wir kleinmütig werden
und sehen kein Licht.

DU nimmst uns an die Hand,
bist zum Helfen bereit.
Schenkst Freunde an die Seite,
ist der Weg noch so weit.

Drum wollen wir vertrauen,
wenn aller Mut uns verlässt.
Auf Deinen Sohn nur schau'n
und Glauben wagen, felsenfest.

Lebensmut schenkt Lebensfreude – es lohnt sich darauf aufzupassen!

Eva-Maria Popp

»Es gibt Großmut, Kleinmut, Demut, Hochmut, Wagemut, Übermut, Schwermut oder eben Lebensmut. Aber auch Mut zur Wahrheit oder Mut zur Veränderung. Der Lebensmut kann aber erlöschen, oft durch Schicksale, Krankheiten oder Verluste, wie zum Beispiel der geliebten Arbeit. Im Lebensmut steckt Hoffnung und Zuversicht, das eigene Leben bewältigen zu können. Im Laufe eines Lebens verlieren aber viele Menschen, selbst nach außen stark wirkende Menschen, ihren Lebensmut.« – Das schreibt Schwester Teresa über den Mut.

Mich haben ihre Gedanken dazu inspiriert über den Mut, die Mutigen und über die Menschen nachzudenken, die ihren Mut verloren haben, vor allem mit dem Ziel ihnen Möglichkeiten an die Hand zu geben, wie sie ihren Mut wiederfinden können.

Von den Wurzeln des Muts

Um einen Begriff zu erfassen und in all seinen Facetten zu begreifen, ist es sinnvoll, sich mit der Herkunft des Wortes zu beschäftigen. Wenn ich weiß, wie sich ein Wort im Laufe der Jahrhunderte entwickelt hat, wo sein Ursprung liegt, dann habe ich die Chance dieses Wort in vollem Tiefgang zu begreifen.

Das Wort »Mut« lässt sich zurückführen auf den indogermanischen Begriff *mo*. Das bedeutet sich mühen, starken Willens sein, heftig nach etwas streben. Germanisch steht *moda* dahinter, übersetzt Sinn, Mut, Zorn. Im Althochdeutschen wird *muot* daraus. Das steht für Sinn, Seele, Geist, Gemüt, Kraft des Denkens, Empfindens. Im Hochmittelalter entwickelt sich *huoer muot*, in der Bedeutung von Hochherzigkeit und Edelmut, die Tugenden der edlen Ritter, die uneigennützig für das Gute gekämpft haben. Eng verbunden war und ist damit der mittelhochdeutsche Begriff *mâze* – ein Synonym für Maßhalten.

Auch der griechische Philosoph Aristoteles hat sich mit dem Begriff »Mut« beschäftigt und sieht ihn als »Tugend der Mitte«, die zwischen dem überschießenden Übermut und der kraftlosen Mutlosigkeit angesiedelt ist. Dieser Rückblick in die Geschichte des Muts gibt uns wesentliche Anhaltspunkte, damit wir verstehen können, was Mut wirklich bedeutet. Mein Fazit: Mut ist ein positiv besetzter Begriff und braucht auf alle Fälle viel Vertrauen. Nur wer vertraut und selbstbewusst ist, kann mutig sein.

Mut und Maßhalten gehören zusammen

Mut braucht Energie und Kraft, vor allem aber ist es wichtig, dass Mut nicht in Übermut endet und im Zuviel. Das Maßhalten ist ebenso eine wichtige Tugend wie der Mut selbst.

Und hier liegt Pudels Kern begraben: Ein großes Problem unserer Gesellschaft ist, dass wir den Bezug zum Maßhalten verloren haben. Wir leben oftmals über unsere Verhältnisse. Höher, schneller, weiter, noch mehr und immer noch mehr – so lauten die Grundpfeiler unseres Tuns. Das bezieht sich auf den

Konsum, auf Aktivitäten, auf unser Freizeitverhalten und auf unsere Schaffenskraft.

Die Folge davon ist das viel zitierte Burn-out: Menschen verlieren ihren Mut und ihre Kraft, weil sie zu viel davon ausgegeben bzw. ausgelebt haben. Körper, Geist und Seele sind im wahrsten Sinne des Wortes ausgebrannt, weil im Laufe des Lebens zu viel Treibstoff verbrannt wurde für diverse Aktivitäten. Die Balance hat gefehlt. Die Menschen haben nicht darauf geachtet, dass man sich rechtzeitig um Nachschub kümmern muss, wenn der Treibstoff verbraucht war. Plötzlich war der Energietank leer.

Leider gibt es meist kein sanftes Erwachen. Menschen, die gewohnt sind aus einem vollen Energiefass zu schöpfen, merken nicht, dass sich der Vorrat an Energie zu Ende neigt. Erst wenn das Fass ganz leer ist, wacht der Mutige unsanft auf, der immer viel geleistet hat, sich für seine Familie, seine Arbeit, die Gesellschaft und Menschen, die Hilfe gebraucht haben, eingesetzt hat. Erstaunt reibt er sich die Augen. WO in Gottes Namen ist meine Energie gelandet? Ich war doch immer gesegnet mit viel Kraft. Meine Schaffenskraft war ohne Ende vorhanden.

Unsere Kraft ist endlich

Tja, da liegt der Denkfehler, ich könnte auch sagen der Systemfehler. Es gibt keine endlose Kraft. Alles neigt sich einmal dem Ende zu, wenn nicht mehr nachgefüllt wird.

Warum haben wir dieses simple Naturgesetz verlernt? Weil wir nicht mehr mit und in der Natur leben. Unser Trinkwasser kommt aus dem Wasserhahn, Strom kommt aus der Steckdose, Milch kauft man im Supermarkt. Da gibt es keinen

Engpass – hat es im heutigen Leben der westlichen Menschen noch nie gegeben. Wir haben kein Bewusstsein dafür, dass nichts selbstverständlich ist und eben alles endlich. Doch das ist die Botschaft der Seele, wenn sie den Dienst versagt und den Mut verliert, weil sie leergepumpt ist. Von jetzt auf gleich ist das Schöpfrad des Mutigen am Bodensatz angekommen und schöpft nur noch Leere.

Schritt für Schritt Kraft schöpfen

Nun ist die Zeit des Wandels gekommen. In kleinsten Schritten müssen die entmutigten Menschen lernen, wieder Mut zu finden. Doch woher nehmen, wenn das Energiefass leer ist?

Es braucht ein tragfähiges Netzwerk, Menschen um mich herum, die mir Mut zusprechen, die für mich da sind, die mir Liebe und Aufmerksamkeit schenken und vor allem uneingeschränktes Verständnis. Sie stützen mich in Zeiten der Mutlosigkeit. Kann ich das zulassen? Kann ich das annehmen?

Ja, ich muss es zulassen. Auch das verlangt Mut, sogar großen Mut. Ich, die immer stark war, ich, die immer anderen geholfen hat – warum sollte ich plötzlich die Nehmende sein?

Weil ich es verdient habe!

Weil ich es wert bin!

Weil ich so viel gegeben habe und nun der Energiefluss seine Richtung ändert und zu mir zurückfließt, so lange, bis ich wieder über meine Kraft verfüge und mein Mut, mein Lebensmut und meine Lebensfreude zurückkehren.

Das ist eine unglaublich große Lernaufgabe im Leben. Vor allem ist es eine große Chance zu einem Leben in Balance zu finden.

Seien Sie achtsam mit Ihrem Mut und Ihrer Energie. Beides sind kostbare Geschenke Gottes und der Natur. Sie wurden uns überlassen, um damit Gutes zu tun, für andere, aber auch für uns selbst. Sie wurden uns definitiv nicht geschenkt, um damit Raubbau zu treiben und übermütig zu werden. Deshalb lernen Sie zu haushalten mit dem, was Sie haben. Es ist genug da, wenn Sie achtsam damit umgehen.

Dazu gehört, auch mal mutig NEIN zu sagen, wenn Menschen immer nur von uns fordern.

- Helfen ja, aber nicht im Übermaß
- Arbeiten ja, aber nicht im Übermaß
- Aktiv sein ja, aber nicht im Übermaß
- Konsumieren ja, aber nicht im Übermaß.

Mutig Maßhalten ist eine lebenslange Lernaufgabe, die mal mehr und mal weniger gelingt. Die Hauptsache ist, dass wir uns dessen bewusst sind und immer daran arbeiten.

Nun wünsche ich Ihnen ein Leben voller Mut und Lebensfreude. Das Leben ist es wert, dass wir es leben und genießen. Das Maß aller Dinge ist das Maßhalten.

Kapitel 9:

Frieden

Vom Frieden beraubt – mit Versöhnung überschüttet

Schwester Teresa Zukic

Was haben Corona und der Krieg in der Ukraine gemeinsam? Beide Katastrophen waren uns unbekannt, kamen unerwartet und waren unkontrollierbar. Viele von uns haben bisher weder eine Pandemie noch einen Krieg erlebt und wohl kaum jemand hat damit gerechnet. Die Pandemie neigt sich ihrem Ende zu, aber der Krieg in der Ukraine ist noch immer in Gange. Sirenen heulen, Raketen schlagen ein, Häuser werden in Trümmer gelegt, Menschen suchen Schutz in U-Bahn-Schächten und Kellern, andere versuchen das Land zu verlassen. Unzählige Tränen werden geweint. Tränen der Angst, der Trauer und der Wut. Angst und Ohnmacht sind ausgelöst worden. Diese Angst war und ist noch real. Das ist ein großer Unterschied zu anderen, irrationalen Ängsten. Kriege werden nur durch Angst ausgelöst. Die Ängste schaukeln sich hoch. Wer es versteht, Angst zu machen, kann bedrohen. Es ist unfassbar: Da sitzt ein Mann in Russland und ist verantwortlich für Tausende Tote, Zerstörung, die Energiekrise und Vermehrung des Hungers in armen Ländern der Welt.

Wir sind immer noch Zuschauer und sind die meisten nicht insgeheim froh, dass in den Medien inzwischen weniger grauenvolle Bilder aus der Ukraine gezeigt werden? Wir verdrängen den Krieg, aber werden beim Blick ins Portmonee täglich daran erinnert.

Der Krieg begann am 24. Februar 2022 mit der Invasion der russischen Truppen in die Ukraine. Wie viele Opfer es inzwischen gab, weiß keiner genau. Schätzungen zufolge sind 13,7 Millionen Ukrainerinnen und Ukrainer aus ihrer Heimat geflohen. 6,4 Millionen Geflüchtete sind mittlerweile zurückgekehrt, 6,3 Millionen Menschen in die Nachbarländer geflohen, 7 Millionen sind innerhalb der Ukraine auf der Flucht. In der Ostukraine haben viele Menschen keinen Zugang zu sauberem Trinkwasser.

Die ganze Welt ist beraubt worden, vom Frieden beraubt. Warum lernt die Menschheit einfach nichts aus der Geschichte? Manchmal bin auch ich müde all des Leidens, der Ängste, der Katastrophen. Aber dann schau ich auf diesen verrückten Gott, der immer wieder Gutes hervorbringen kann, mit einzelnen Menschen, die sich motivieren lassen trotz aller Grenzen, Widerstände oder Hindernisse, grenzenlose Liebe zu schenken und andere mit ihrer Liebe anzustecken. Auch wenn wir müde sind, Gott wird nie müde, an das Gute in uns Menschen zu glauben, und macht mit jeder Generation weiter. Gott ist nicht müde. ER ist nie untätig. ER hockt nicht rum wie ein Holzklotz und jammert, dass mit den Menschen nichts los ist. ER ist immer schöpferisch tätig und kreativ und inspirierend und lebendig und aufregend und froh machend.

Kapitel 9: Frieden

ER hört nicht auf an uns zu glauben. Wer sich auf seine Liebesgeschichte einlässt, erfährt, dass er auch auf krummen Zeilen gerade schreiben kann. Dass es für ihn keine Hoffnungslosigkeit gibt. ER greift auch heute ein.

Tu etwas, dann tut sich was

Ein Beispiel dafür ist für mich Doraja Eberle aus Salzburg. Die Sozialarbeiterin Doraja Eberle hatte Ende der 1980er Jahre auf einem Familienkongress in Wien Mutter Teresa kennengelernt. Die Friedensnobelpreisträgerin lud sie in ihr Waisenhaus nach Delhi ein. Dort führte Mutter Teresa sie und ihren Mann 1989 zu einem sechs Monate alten Mädchen, das gerade einmal 2,8 Kilo wog. Sie adoptierten die kleine Theresa und ein Jahr später einen kleinen Jungen namens Antonius, ebenfalls aus dem Waisenhaus in Delhi. »Beide Kinder sind ein Geschenk Gottes«, sagt Doraja Eberle. Nachdem die Adoption geklappt hatte, hatten sie und ihr Mann ein Gelübde abgelegt: Sie wollten für andere Menschen da sein.

Es beeindruckt mich zutiefst, was sie tat, als sie die Bilder vom Krieg in Kroatien und Bosnien in den Nachrichten sah. 1992 saß Doraja Eberle mit ihren zwei kleinen Kindern vor dem Fernseher. Der Krieg fand nicht weit von ihrem Heimatland entfernt statt. Ihre Reaktion war: »Ich muss dorthin.« Ihre Mutter war entsetzt, aber ihr Mann war einverstanden. Er wusste, dass sie auch ohne sein Einverständnis gefahren wäre. Sie handelte aus einem Bauchgefühl heraus.

Am nächsten Tag, es war bereits Winter, stieg sie ins Auto und fuhr Richtung Front. An einer Tankstelle bei Zagreb sprach sie ein katholischer Priester an, der das Salzburger

Nummernschild erkannte. »Was machen Sie hier?«, fragte der Priester. Sie sagte, sie wolle zur Front. Der Priester war entsetzt und sagte: »Sind Sie verrückt? Sie kommen jetzt mal mit zu mir in mein Kloster, ich fahr morgen sowieso dorthin, da können Sie mitfahren.« Am selben Abend nach dem Abendessen lud er sie ein, mit ihm in ein Lazarett mitzufahren. In dem Lazarett sah sie einen jungen Soldaten, dem beide Arme und Beine amputiert worden waren. Der Priester setzte sich an sein Bett. »Seine Frau hatte ihn auf dem Arm, ein kleines Kind war auch dabei«, erinnert sich Doraja. Sie redeten kroatisch, lachten und blödelten. Doraja verstand kein Wort, aber sie erinnert sich noch an die wunderbare Stimmung. Da dachte sie sich, dass dieser Mensch nie wieder für seine Familie sorgen kann. Er wird nie wieder seine Frau umarmen können. Dieser Mensch kann nie wieder mit seinem Kind spielen, wie sie es mit ihren beiden Kindern konnte. Und legte ein Gelübde ab: »Wenn dieser Mensch ohne Hände und Füße Gott dankt, dass er lebt, dann werde ich mein ganzes Leben mit zwei Händen und zwei Füßen und einem Hirn und Herz in den Dienst des Nächsten stellen.« Am nächsten Tag an der Front erlebte sie die Schrecken des Krieges. Die Bilder sollte sie nie wieder vergessen. Menschen schwammen mitten im Winter durch den eiskalten Fluss und wurden in Busse gestopft, die sie nach Österreich, Deutschland oder in die Schweiz brachten. Aber als sie mit einigen auf Englisch sprach, erfuhr sie, dass die Menschen eigentlich ihre Heimat nicht verlassen wollten. Auch der Priester war überzeugt: Ein Dach über dem Kopf würde den Bauern ein Flüchtlingsschicksal ersparen.

Kapitel 9: Frieden

Hundert Briefe in einer Nacht

Am Abend ihrer Rückkehr lief im Fernsehen »Wetten dass?« mit Thomas Gottschalk. Eine Wette hieß: »Glaubt ihr, dass 100 Männer in 100 Stunden 100 Holzhäuser bauen können?« Am Ende standen tatsächlich 100 Holzhäuser auf einem Fußballplatz in Köln. Doraja rief sofort im Fernsehen an und fragte, ob jemand in der Nähe von Salzburg wohne, der solche Häuser baute. Und tatsächlich: Es gab so einen Handwerker. Sie telefonierte mit ihm und fragte ihn, ob er ihr beibringen könnte, so ein Haus zu bauen. Am nächsten Tag fuhr die gelernte Sozialarbeiterin hin und lernte in vier Tagen ein Holzhaus zu bauen. Sie fuhr nach Hause und erinnert sich, dass sie »hundert Briefe in einer Nacht« an Freunde, Bekannte, ihre Familie und Menschen, von denen sie wusste, dass sie Geld oder Holz haben, schrieb. Die Bauern aus Siezenheim waren die ersten, die sich meldeten. Das war die Geburtsstunde ihrer Organisation »Bauern helfen Bauern«.

Noch vor Weihnachten konnten die ersten drei Häuser in Kroatien gebaut werden. Wie ein Wunder kam sie ohne Zollpapiere über die Grenze und baute die Häuser an der Front. Die nächsten 40 Häuser baute sie mit ihrem Mann, weitere 960 haben die Menschen sich selber aufgebaut. »Tu was, dann tut sich was«, war Dorajas Motto. Hätte sie damals nicht das erste Haus gebaut, hätten 3000 Menschen nicht wieder nach Hause gekonnt. Wie schnell das ging! In vier Tagen wird ein Haus gebaut, das umgerechnet 3000 € kostet. Man drückt den Menschen die Schlüssel in die Hand und sie haben wieder ein Zuhause – Würde! Doch dabei blieb es nicht.

Dorajas Organisation »Bauern helfen Bauern« gibt es inzwischen seit über dreißig Jahren. Sie hat mittlerweile über

2000 LKWs nach Kroatien und Bosnien gebracht. 90% der Spenden waren Dinge, die Menschen von ihrem Überfluss abgaben. Diese Lastwagen retteten Tausenden Menschen vor dem Tod durch Erfrieren. Doraja selbst hatte es mit ihren eignen Augen gesehen: Es ging nicht ums Hungern, sondern Verhungern. Und das nur eine Flugstunde von ihrer Heimat entfernt, mitten in Europa. Danach fingen sie an landwirtschaftliche Geräte hinunterzubringen und Saatgut. Wir haben Saatgut, sie bauen eine Ambulanz-Station. »Das Leid Tausender unschuldiger Menschen, egal welcher Nation oder welchem Glauben sie angehören, brachte uns dazu, unsere Zeit und unser ganzes Herz einzusetzen«, erinnert sich Doraja.

Eine Kuh als Friedensstifterin

Doch die Ideen gingen Doraja und ihrem Mann nicht aus. Danach dachten sie sich: Wenn ein Mensch ein Tier hat, bleibt er. Sie schrieben an alle Bürgermeister der 119 Gemeinden Österreichs. »Wetten, dass du bereit bist, eine Kuh für Bosnien zu spenden? Aber sie muss trächtig sein.« Nach kürzester Zeit konnten sie 190 trächtige Kühe von österreichischen Landwirten nach Bosnien transportieren. Die Bauern bekamen die Kuh, mit nur einer einzigen Auflage: Das Kalb mussten sie an einen benachbarten Bauern einer anderen Ethnie verschenken. Was so einfach klingt, war es nicht. Ein Kroate musste das Kalb einem Bosnier geben, der einem Serben, Muslime einem Orthodoxen oder umgekehrt. Es kam vor, dass es der Nachbar war, der den Sohn umgebracht hat oder die Tochter vergewaltigt hatte. Versöhnung ist da eine große Herausforderung.

Kapitel 9: Frieden

Bevor ich dieses Kapitel zu Ende geschrieben habe, rief ich bei der Schwester von Doraja Eberle an, Sophie Brandis, eine liebe Freundin von mir, die in Südtirol lebt. Ich erkundigte mich, ob das Projekt mit den Kühen damals tatsächlich funktioniert hatte. Ja, und nicht nur das. Als Traktoren geliefert wurden, musste der Bauer, der einen bekam, das Land von demjenigen mitbearbeiten, der keinen Traktor hatte. Die Kühe wurden zu Friedensstiftern. Viele Kühe bekamen den Namen Doraja, aus Dankbarkeit. Inzwischen wurde in Srebrenica eine Musikschule gebaut und die Schülerinnen und Schüler sind alle aus verschiedenen ethnischen Gruppen. Bei Konzerten sitzen die Angehörigen heute nebeneinander. Der Bosnienkrieg fand zwischen 1992 und 1995 in Europa statt. Was für großartige Friedensprojekte.

Lasst uns für den Frieden beten

Wie sehr bete ich, dass der Krieg in der Ukraine endet. Dass kein einziger Mensch mehr in Europa durch eine Waffe, Explosion oder Drohne sterben muss. Dass die Folterungen aufhören, dass Gefangene nach Hause kommen, dass die vielen alten Menschen aus ihren Kellern herauskommen können. Und ich danke allen Heldinnen und Helden, wo immer sie sich engagieren, um Frieden und Versöhnung wiederherzustellen. Ich wünsche jedem Menschen, dass er mit Frieden und Versöhnung überschüttet wird mit den Gebetsworten von Bischof Desmond Tutu, der mich immer sehr nachdenklich macht: »Solange wir nicht vergeben, sind wir nicht frei. Wir bleiben an den Menschen gekettet, der uns Schaden zufügte. Wir sind durch Fesseln der Wut und Verbitterung an ihn gebunden, wir sind Gefangene. Wenn wir unserem Schädiger nicht vergeben, hält er den Schlüssel zu unserem Glück in den Händen, ist er unser Gefängniswärter ... Hassen wir andere, tragen wir diesen Hass in unserem Herzen, und er richtet bei uns selbst zweifellos noch mehr Schaden an als bei jenen, die wir hassen.«

Unsere Welt ist nicht heil. Aber es gibt Heilerinnen und Heiler, die mit ihren Ideen und ihrer Aufopferung, ihrem selbstlosen Einsatz und ihrer Kraft Gottes Hände und Füße und Herzen sind. »Frieden hinterlasse ich euch, meinen Frieden gebe ich euch; nicht, wie die Welt ihn gibt, gebe ich ihn euch. Euer Herz beunruhige sich nicht und verzage nicht.« (Joh 14,27)

Jesus wünscht uns nicht nur Frieden, er gibt ihn uns. Sind wir bereit ihn anzunehmen? Friede fängt nicht in der Ukraine an, sondern bei uns zu Hause.

Der Friede, den die Welt gibt, ist unsicher und spröde. Warum? Weil wir Menschen schwach sind. Aber wir dürfen uns darauf verlassen, dass ER an unserer Seite bleibt. Dass nichts und niemand uns von Seiner Liebe trennen kann. Dass wir in Seinen Augen unendlich kostbar sind – trotz aller Friedlosigkeit. ER liebt ohne Wenn und Aber. Auch wenn gerade schreckliche Dinge um uns herum geschehen und die Welt zum Fürchten ist, kann Friede in unserem Herzen beginnen.

Deshalb können wir furchtlos sein!

Eure Schwester Teresa

Heile mein Herz

Dein Herz ist wie kein Herz.
Nur Du hast gezeigt,
was Barm HERZ igkeit ist.
Dafür lebtest Du.
Dafür hast Du gelitten.
Dafür starbst Du.
Verwandle mein Herz, mein Jesus,
zu Deinem Herzen.
Lass es nur einmal
so voller Liebe schlagen,
nur einmal so fühlen,
nur einmal so verzeihen,
nur einmal so lieben.
Und es wird sich ein Leben lang
nicht mehr davon erholen.
Voll Sehnsucht nach Dir.

Herz Jesu,
heile, tröste, stärke mich.

Vom Krieg zum Frieden – Frieden in sich selbst finden

Eva-Maria Popp

»Ich wünsche jedem Menschen, dass er mit Frieden und Versöhnung überschüttet wird, durch das Gebet von Bischof Tutu, der mich immer sehr nachdenklich macht:

Solange wir nicht vergeben, sind wir nicht frei.
Wir bleiben an den Menschen gekettet, der uns
Schaden zufügte.«

Mit diesen wertvollen Gedanken meiner lieben Freundin Schwester Teresa und dem Appell zur Vergebung des großen Friedensstifters Bischof Desmond Tutu beginne ich meine Gedanken zu Krieg und Frieden. Damit verfolge ich ein Ziel: Ich wünsche mir, dass Sie, liebe Leserinnen und Leser, und alle Menschen in unserem Land stark sind und sich gegen die Angst stellen. Denn der Krieg in der Ukraine, aber auch alle anderen Kriege auf dieser Welt machen Angst und nehmen somit Einfluss auf uns alle.

Ich erweitere meine Gedanken: Es sind nicht nur die militärischen Kriege auf dieser Welt, die uns ängstigen. Es sind auch die täglichen »Kriege«, die wir selbst führen und somit in der Hand haben. Der Kleinkrieg mit den Nachbarn, den Kollegen oder auch innerhalb der Familie. All das verbraucht so viel unnütze Lebensenergie, produziert so viel Frust, Ärger und Angst. So schade!

Kapitel 9: Frieden

»Angst essen Seele auf« - So nannte der Regisseur Rainer Werner Fassbinder seinen berühmten Film, der im Jahr 1974 entstanden ist. Seither ist der Filmtitel zu einem berühmten Zitat geworden, das in vielen Publikationen und Kolumnen über psychische Erkrankungen und gesellschaftliche Strömungen und Störungen verwendet wird. Für mich ist dieses Zitat zum Sinnbild geworden, dass wir uns unseren Ängsten stellen müssen, um sie in den Griff zu bekommen und um Schaden von unserer Seele abzuwenden.

Angst versus Furcht

Um zu verhindern, dass die Angst »unsere Seele auffisst«, ist es wichtig, sich mit der Angst zu beschäftigen. Dazu begeben wir uns wieder einmal zu den Anfängen der Menschheit. Urmenschen waren immer sehr bedroht. Wilde Tiere, aber auch feindliche Sippen und unwegsames Gelände - überall lauerten Gefahren. Deshalb konnten nur Menschen überleben, die einen ausgeprägten Instinkt hatten. Die Evolution hat somit dafür gesorgt, dass auch wir noch heute mit Furcht ausgestattet sind, die uns instinktiv vor gewissen Gefahren beschützt. Und das ist gut so. Deshalb ist eine natürliche Furcht angeboren und schützt uns.

Furcht hat also einen Sinn, Angst dagegen ist sinnlos. Sie hat keinen Schutzmechanismus. Ganz im Gegenteil: Sie lähmt uns und raubt uns unser natürliches Reaktionsvermögen und unsere Kraft. Angst ist eine Reaktion der Seele und ist irrational. Sie wirkt sich zerstörerisch auf uns selbst, aber auch auf unsere Umgebung aus.

Angstschweiß und Angstattacken lassen erkennen, wie sehr uns die Angst zerstören kann. Soziale Angst wiederum schneidet uns von unseren Mitmenschen ab und macht uns einsam. Aus der Angst heraus können Aggression und Wut entstehen und unkontrollierbare Angriffe auf Leib und Leben unserer Mitmenschen. Wir erleben das täglich, wenn wieder irgendwo auf der Welt Amokläufer Tod und Elend über unschuldige Menschen bringen oder die Aggressionen sich in sinnlosen Kriegen entladen.

Woher kommt die Angst?

Angst entsteht aus Unsicherheit. Immer, wenn wir die Dinge, die für uns wichtig sind, nicht selbstbestimmt im Griff haben. Wenn wir nur reagieren, aber nicht agieren können. Kinder wollen wissen, was sie dürfen und was sie nicht dürfen. Sie müssen sich einstellen können auf die erzieherischen Reaktionen ihrer Eltern und Erziehungspersonen. Wenn sie jedoch immer anders behandelt werden nach gewissen Handlungen, dann entstehen Ängste. So ist es auch im Erwachsenenalter.

Das ist der Hauptgrund, warum viele Menschen im Moment von Zukunftsängsten geplagt sind: Wir hören vom Klimawandel, aber auch vom Krieg, der uns durch die örtliche Nähe sehr stark beeinflusst. Wir sind indirekt betroffen, wir wissen nicht, wie sich das auswirkt auf uns. Wir haben den Eindruck, dass wir all dem hilflos ausgeliefert sind. DAS MACHT ANGST!

Und schon sind wir mittendrin in einer unheilvollen Schleife: Unsere Ängste führen zu Handlungen, die wiederum anderen Angst machen, von denen sich andere bedroht fühlen, Unverständnis zeigen ... eine Gewaltspirale bahnt sich an.

Außerdem sind wir in unserer heutigen westlichen Gesellschaft noch immer sehr beeinflusst von den Gräueltaten und Schockerlebnissen des Zweiten Weltkrieges. Manche Forscher gehen sogar davon aus, dass der Erste Weltkrieg noch in uns wirkt: »Bis zu drei bis vier Generationen braucht es, um Kriegstraumata und Kriegstaten verzeihen zu können und bis die betroffenen Menschen und ihre Nachfahren zu echter Versöhnung und Verzeihung bereit sind«, schreibt Dr. Manfred Nelting, Facharzt für Allgemeinmedizin und Psychosomatische Medizin und Senior Advisor im Weltzukunftsrat. »Da ist viel Unbewusstes, was transgenerational läuft. Die transgenerationalen Spätfolgen von Gewalt, Folter und Krieg werden immer noch unterschätzt.«

Auswege aus der Angst- und Gewaltspirale

Deshalb ist es unglaublich wichtig, die Spirale aus Gewalt und Gegengewalt, aus Gewalt und Rache zu unterbrechen und aus Krieg Frieden zu machen.

»Ein hehres Ziel«, werden Sie jetzt sagen. »Das ist doch unmöglich.« Ja, natürlich, Sie haben Recht. Es ist nicht leicht. Und gerade deshalb lohnt es sich, damit zu beginnen. Wie immer beginnt ALLES mit mir und mit meinem eigenen Vermögen.

Fragen Sie sich immer:

»Was kann ich tun?«
»Was kann ich an der Stelle, an der ich stehe, unternehmen?«
»Wen kann ich mit ins Boot holen?«
»Wer kann mir dabei helfen?«

Und schon ist aus einer Person, die eingreifen will, eine kleine oder auch größere Gruppe entstanden, vielleicht sogar eine Initiative. Das Gute daran ist, dass wir damit unseren Zustand der Hilflosigkeit unterbrechen, der uns ja Angst macht. Statt passiv in der angstvollen Schockstarre zu verharren, werden wir zu aktiven Menschen und vernünftig Handelnden. Das hilft allen. Uns selbst tut es gut und schenkt uns inneren Frieden.

Wenn möglichst viele Menschen ihren inneren Frieden finden, dann können wir Kriege in Zukunft vermeiden.

Mit den Kindern fängt es an

Noch ein kleiner praktischer Tipp zur Umsetzung, wo jeder und jede von uns ganz einfach beginnen kann: bei den Kindern.

Wenn wir unsere Kinder und Enkelkinder stark machen und zu selbstbewussten Persönlichkeiten erziehen, dann haben wir viel für unsere Gesellschaft erreicht.

Damit meine ich nicht, dass unsere Kinder uneingeschränkt alles dürfen und alles bekommen, was sie sich wünschen. Ich spreche nicht von verhätschelten und verwöhnten Kindern. Ich spreche von Kindern, die gefordert werden, denen wir etwas zutrauen, die sich in der freien Natur bewegen dürfen und im Tun ihre Kräfte entdecken.

Die bekannte Pädagogin und Ärztin Maria Montessori hat dazu einen wichtigen Spruch entwickelt: »Hilf mir, es selbst zu tun.«

Wenn wir diese Einstellung unseren Kindern gegenüber beherzigen, dann haben wir sehr viel erreicht für den Frieden in unserer Welt.

Für alle, die keine eigenen Kinder, Enkel oder Nichten und Neffen haben: Sie können sich engagieren als Lesepaten, als Betreuer oder alleinerziehende Mütter und Väter in ihrer Nachbarschaft unterstützen. Es gibt immer einen Weg zu helfen und das Gute in die Welt zu bringen.

Ich wünsche Ihnen viel Freude dabei, IHREN inneren Frieden zu entdecken und Ihr persönliches Friedenslicht weiterzugeben.

Für den Frieden in dieser Welt

Ihre Eva-Maria Popp

Literaturempfehlungen
von Eva-Maria Popp

Erika Schuchardt, *Warum gerade ich …? Leben lernen in Krisen, Leiden und Glaube. Der Komplementär-Spiralweg »Krise als Chance«*. Vandenhoeck & Ruprecht, Göttingen, 1. Aufl. 1984, 14. Aufl. 2018.

Manfred Nelting, *EINSICHT in UNerhörtes. Vom Schweigen zum Handeln – Ein Kompass für eine neue Welt*. Basic Erfolgsmanagement, Pfarrkirchen 2021.

Gegen Verbote und Verzicht, für mehr Lebensfreude

160 Seiten
Gebunden
ISBN 978-3-451-39173-6

Genuss und Gesundheit, passt das überhaupt zusammen? Ja!, das ist die klare Botschaft von Schwester Teresa und dem Krebsspezialisten Prof. Dr. Jalid Sehouli. Die Krebsdiagnose von Schwester Teresa führte beide zusammen. In diesem Buch geben sie ihren Wissensschatz und ihre Lebenserfahrung rund um heilsamen Genuss aus ihrem Alltag weiter. Sie teilen auch ihre Lieblingsrezepte mit uns. Dabei darf eine Zutat nie fehlen: eine Prise Liebe!

In jeder Buchhandlung!

HERDER www.herder.de

Jetzt ist die Zeit für Neuanfänge

144 Seiten
Gebunden mit Schutzumschlag
ISBN 978-3-451-38806-4

Gottes Herz ist übervoll mit Liebe für uns Menschen. Doch gerade wenn wir Sorgen und Nöte haben, kehren wir Gott häufig enttäuscht den Rücken zu. In diesem Buch macht Schwester Teresa Mut: Jetzt ist die Zeit für Neuanfänge – für einen Neuanfang mit Gott, unseren Liebsten und allen Menschen um uns herum. Denn wenn wir uns von Gott wieder lieben lassen, können wir neue Hoffnung schöpfen und an andere Menschen weitergeben – in guten wie in schweren Zeiten.

In jeder Buchhandlung!

HERDER   www.herder.de